Theorien der Macht zur Einführung

Andreas Anter

Theorien der Macht zur Einführung

JUNIUS

Junius Verlag GmbH
Stresemannstraße 375
22761 Hamburg
www.junius-verlag.de

Umschlaggestaltung: Florian Zietz
Titelbild: Olympiastadion Berlin
Satz: Junius Verlag GmbH
Printed in the EU 2024
ISBN 978-3-88506-062-8
6., überarbeitete Auflage 2024

Bibliografische Information der Deutschen Nationalbibliothek
Die Deutsche Nationalbibliothek verzeichnet diese Publikation in der Deutschen Nationalbibliografie; detaillierte bibliografische Daten sind im Internet über http://dnb.dnb.de abrufbar.

Zur Einführung ...

... hat diese Taschenbuchreihe seit ihrer Gründung 1977 gedient. Zunächst als sozialistische Initiative gestartet, die philosophisches Wissen allgemein zugänglich machen und so den Marsch durch die Institutionen theoretisch ausrüsten sollte, wurden die Bände in den achtziger Jahren zu einem verlässlichen Leitfaden durch das Labyrinth der neuen Unübersichtlichkeit. Mit der Kombination von Wissensvermittlung und kritischer Analyse haben die Junius-Bände stilbildend gewirkt.

Seit den neunziger Jahren reformierten sich Teile der Geisteswissenschaften als Kulturwissenschaften und brachten neue Fächer und Schwerpunkte wie Medienwissenschaften, Wissenschaftsgeschichte oder Bildwissenschaften hervor. Auch im Verhältnis zu den Naturwissenschaften sahen sich die traditionellen Kernfächer der Geisteswissenschaften neuen Herausforderungen ausgesetzt. Diesen Veränderungen trug eine Neuausrichtung der Junius-Reihe Rechnung, die seit 2003 von der verstorbenen Cornelia Vismann und zwei der Unterzeichnenden (M.H. und D.T.) verantwortet wurde.

Ein Jahrzehnt später erweisen sich die Kulturwissenschaften eher als notwendige Erweiterung denn als Neubegründung der Geisteswissenschaften. In den Fokus sind neue, nicht zuletzt politik- und sozialwissenschaftliche Fragen gerückt, die sich produktiv mit den geistes- und kulturwissenschaftlichen Problemstellungen vermengt haben. So scheint eine erneute Inventur der Reihe sinnvoll, deren Aufgabe unverändert darin besteht, kompetent und anschaulich zu vermitteln, was kritisches Denken und Forschen jenseits naturwissenschaftlicher Zugänge heute zu leisten vermag.

Zur Einführung ist für Leute geschrieben, denen daran gelegen ist, sich über bekannte und manchmal weniger bekannte Autor(inn)en und Themen zu orientieren. Sie wollen klassische Fragen in neuem Licht und neue Forschungsfelder in gültiger Form dargestellt sehen.

Zur Einführung ist von Leuten geschrieben, die nicht nur einen souveränen Überblick geben, sondern ihren eigenen Standpunkt markieren. Vermittlung heißt nicht Verwässerung, Repräsentativität nicht Vollständigkeit. Die Autorinnen und Autoren der Reihe haben eine eigene Perspektive auf ihren Gegenstand, und ihre Handschrift ist in den einzelnen Bänden deutlich erkennbar.

Zur Einführung ist in der Hinsicht traditionell, dass es den Stärken des gedruckten Buchs – die Darstellung baut auf Übersichtlichkeit, Sorgfalt und reflexive Distanz, das Medium auf Handhabbarkeit und Haltbarkeit – auch in Zeiten liquider Netzpublikationen vertraut.

Zur Einführung bleibt seinem ursprünglichen Konzept treu, indem es die Zirkulation von Ideen, Erkenntnissen und Wissen befördert.

Michael Hagner
Ina Kerner
Dieter Thomä

Inhalt

Vorwort zur 6. Auflage 9

Einleitung 11

1. Hobbes und seine Vorläufer 19
- 1.1 Thukydides und das antike Denken 19
- 1.2 Niccolò Machiavelli 23
- 1.3 Thomas Hobbes 26

2. Gut und Böse: Macht und menschliche Natur (I) 33
- 2.1 Jacob Burckhardt und Friedrich Nietzsche 35
- 2.2 John Actons Skepsis und Montesquieus Ideal 41
- 2.3 Funktionale Deutungen 48

3. Max Weber: Macht und Herrschaft 53
- 3.1 Macht als soziale Beziehung 55
- 3.2 Macht und Herrschaft 63
- 3.3 Macht im modernen Staat 69

4. Heinrich Popitz: Macht und menschliche Natur (II) 75
- 4.1 Anthropologie der Macht 76
- 4.2 Stufen von Macht zu Herrschaft 83
- 4.3 Ordnungssicherheit der Macht 88

5. Hannah Arendt: Macht und Gewalt 91
5.1 Die Potentialität der Macht 94
5.2 Macht vs. Gewalt 96
5.3 Macht und Politik 99

6. Michel Foucault: Im Netz der Macht 105
6.1 Das Subjekt der Macht 106
6.2 Die Macht und ihr Widerstand 110
6.3 Pastoralmacht und Gouvernementalität 113

7. Niklas Luhmann: Macht als Code 123
7.1 Macht als Kommunikationsmedium 125
7.2 Macht und Gewalt 128
7.3 Die Macht und die Kommunikation der Organisation .. 132

Schlussbemerkung 137

Anhang
Anmerkungen 143
Siglen 167
Weitere ausgewählte Literatur 169
Namenregister 173
Über den Autor 178

Vorwort zur 6. Auflage

Prominente Machttheorien präsentieren sich in der Regel in einer kurzen Formel. Nietzsches »Wille zur Macht« und John Actons »Power tends to corrupt« sind hierfür Beispiele, Max Webers berühmte Machtdefinition ein weiteres. Ihre Formeln wurden jeweils zur gängigen Münze in der wissenschaftlichen und politischen Publizistik. Doch was ist überhaupt Macht? Die Suche nach einer Antwort auf diese Frage ist bisher nicht abgeschlossen. Dies trägt auch zu der anhaltenden Nachfrage nach diesem Band bei und macht einmal mehr eine Neuauflage erforderlich. Der Text wurde für diese Auflage überarbeitet und auf den aktuellen Stand gebracht.

Andreas Anter — Erfurt/Leipzig, im Mai 2024

Vorwort zur 1. Auflage

Die Theorien der Macht gehören seit jeher zu den klassischen Themen in den Sozialwissenschaften. In den letzten Jahren ist allerdings ein auffällig gestiegenes Interesse zu beobachten, das sich in Publikationen ebenso niederschlägt wie in Lehrplänen und Konferenzthemen. In dieser Lage wächst auch das Bedürfnis, die wichtigsten Konzepte auf einen Blick zur Hand zu haben, zumal bisher eine Einführung fehlte. Dieser Band versucht, einen Anfang zu machen. Er ist aus meiner Vorlesung »Macht und Politik« hervorgegangen, die ich zwischen 2007 und 2011 an der Fakultät für Sozialwissenschaften und Philosophie der Universität Leipzig gehalten habe. Der Text wurde für den Druck überarbeitet, gekürzt und bibliographisch ergänzt; der diskursive Charakter so weit wie möglich beibehalten. Dem machttheoretischen Experten wird dieses Buch nur wenig Neues vermitteln. Es wendet sich an jene, die eine kompakte Einführung in das Thema suchen. Der Band stellt die verschiedenen Konzepte der Autoren und Autorinnen vor, bewertet die einzelnen Ansätze und benennt ihre jeweiligen Stärken und Schwächen.

Die Sympathien des Verfassers liegen insbesondere bei Heinrich Popitz, dessen unorthodoxer soziologischer Ansatz immer mehr Beachtung findet. Die Seminarvorlesung, aus der Popitz' *Phänomene der Macht* hervorgingen, hörte ich bei ihm während meines Studiums an der Universität Freiburg. Sie hat auf mich, wie auf die meisten Hörer, einen bleibenden Eindruck gemacht.

Für Hilfe bei der Literaturbeschaffung wie auch bei der Vorbereitung und Unterstützung meiner zugrunde liegenden Vorlesung danke ich Verena Frick und Armin Gliem. Maja Anter und Harald Homann danke ich für die Lektüre ausgewählter Kapitel; Steffen Herrmann danke ich für seine Beharrlichkeit und Umsicht. Ein Aufenthalt als Fellow am Hanse-Wissenschaftskolleg im Wintersemester 2011/12 ermöglichte die Fertigstellung des Manuskripts.

Andreas Anter — Bremen/Leipzig, im Juni 2012

Einleitung

In Haruki Murakamis Roman *Naokos Lächeln* wird von einem jungen Mann erzählt, der auf seine Umgebung eine ungewöhnliche Wirkung ausübt: »Sein Wesen brachte andere dazu, sich ihm unterzuordnen, und er verfügte über die Fähigkeit, [...] anderen routiniert und präzise Anweisungen zu erteilen und sie mit Freundlichkeit dazu zu bringen, diese auszuführen. Diese Aura von Macht umgab ihn wie ein Heiligenschein, so daß jeder in ihm auf den ersten Blick ›ein Ausnahmewesen‹ erkannte.«[1]

Jeder macht gelegentlich die Erfahrung, dass manche Menschen in der Lage sind, andere dazu zu bewegen, sich ihnen zu fügen. Doch wissen wir in den seltensten Fällen, worauf diese Fähigkeit beruht. Die Frage, warum Menschen sich anderen Menschen unterordnen, gehört zu den klassischen Fragen der Sozialwissenschaften. Soziale Strukturen und politische Institutionen scheinen unausweichlich durch Machtbeziehungen geprägt. Eine Grundfrage der Sozialwissenschaften lautet: Warum?

Bis heute ist diese Frage jedoch nicht beantwortet. Die Phänomene der Macht gehören zwar zu den prominentesten sozialwissenschaftlichen Gegenständen, aber entschlüsselt sind sie nicht einmal ansatzweise. So ist auch die Macht ein weitgehend ungeklärter Begriff. Jeder versteht darunter etwas anderes. Allein die bunte Vielfalt der Definitionen in der modernen Theoriegeschichte, von Hobbes und Kant über Max Weber und Hannah Arendt bis hin zu Luhmann und Popitz, könnte den Eindruck entstehen lassen, hier spreche jeder von einem anderen Phänomen.

Seit einem halben Jahrhundert gehört es daher in der einschlägigen Literatur zum guten Ton, diese Disparität zu monieren. Entsprechend wird in den vielen Darstellungen konstatiert, es gebe weder einen eindeutigen Machtbegriff noch eine maßgebliche Theorie. Konnte der Soziologe Arnold Gehlen schon vor sechzig Jahren nur resignierend sagen, es gebe keine Theorie, »die als maßgeblich gelten könnte«, so wird noch heute die ungeklärte Lage beklagt.[2] Zwischen Unklarheit und Popularität scheint es also einen gewissen Zusammenhang zu geben. Je unklarer die Lage, desto größer die Herausforderung. Max Weber machte schon vor mehr als hundert Jahren deutlich, wie sehr die Sozialwissenschaften auf »klare eindeutige Begriffe« angewiesen sind.[3] Dies erweist sich auch bei den Theorien der Macht. Die vielen Versuche, die unternommen wurden, haben indes bisher nur wenig Klarheit bringen können.

Diese Einführung erhebt nicht den Anspruch, einen Gordischen Knoten zu durchschlagen; sie will nur dazu beitragen, sich auf dem Gebiet der Machttheorien etwas besser zurechtzufinden. Dabei stehen drei Fragen im Vordergrund: Worum geht es, wenn von Macht die Rede ist? Welche Machttheorien lassen sich unterscheiden, und wo liegen ihre Vorzüge und Schwächen? Und: Inwieweit haben die Phänomene der Macht mit der menschlichen Natur zu tun? Vor allem der letztere Punkt verweist auf eine generelle Frage: Warum sind menschliche Handlungen, soziale Institutionen und politische Prozesse so offensichtlich unausweichlich machtförmig strukturiert? Es scheint, als sei die Macht eine Bedingung der Möglichkeit von Gesellschaft, als gebe es keine Gesellschaft ohne Machtbeziehungen.

Eben diese Vorstellung gehört seit langem zum Bestand der sozialwissenschaftlichen Theorie. Für den Soziologen Heinrich

Popitz ist Macht eine Existenzbedingung jeder sozialen oder politischen Ordnung (PdM, S. 64). Ganz ähnlich argumentiert bereits Hannah Arendt (Va, S. 193). Auch der angloamerikanische Soziologe Michael Mann beginnt seine *Geschichte der Macht* mit der Feststellung, dass Gesellschaften »aus vielfältigen, sich überlagernden und überschneidenden sozialräumlichen Machtgeflechten« bestehen.[4] Aus einer systemtheoretischen Perspektive kommt Niklas Luhmann zu dem gleichen Ergebnis: »Es bilden sich keine sozialen Systeme, ohne daß sich Macht bildet.« (MS, S. 474)

Angesichts dieser Befunde kommt es nicht von ungefähr, wenn das Thema in den Sozialwissenschaften so populär ist. Der britische Philosoph Bertrand Russell meinte schon in den 1930er Jahren, »daß der Fundamentalbegriff in der Gesellschaftswissenschaft Macht heißt im gleichen Sinne, in dem die Energie den Fundamentalbegriff in der Physik darstellt«[5]. Fundamentalbegriffe aber sind meist umstritten. Noch vor einigen Jahrzehnten war der Machtbegriff Gegenstand von heftigen, ideologisch aufgeladenen Kontroversen. Er gehörte zu den »essentially contested concepts«.[6] Die Kontroversen haben sich inzwischen weitgehend gelegt, doch nach wie vor gibt es in der Bewertung von Macht und Machtverhältnissen keinen Konsens. Wer zwei verschiedene Konzepte konsultiert, macht in der Regel die Erfahrung, dass das eine mit dem anderen kaum etwas gemein hat. Oft gehen die Theorien schon an der Wurzel auseinander.

Diese Heterogenität beruht nicht zuletzt auf den sehr verschiedenen Erscheinungsweisen der Macht. Die kleinen, fast mikroskopischen Phänomene kennt jeder aus eigener Erfahrung; sie zeigen sich bereits in alltäglichen Entscheidungssituationen. Wer bestimmt, wann was und von wem gemacht wird? Wer in einem Unternehmen arbeitet und von seinem Chef gebeten wird, eine bestimmte Aufgabe zu erledigen, wird diese Bitte in der Regel nicht als Repression empfinden. Dennoch handelt es sich hier zweifellos um eine Art Machtbeziehung. Die Etymologie ist hier vielsagend. Das deutsche Wort »Macht« geht auf das alt- und mittelhochdeutsche *»maht«* zurück, das wiederum vom altgotischen Verb *»magan«* kommt, was so viel wie »machen« oder »können« bedeutet.[7] Diese Wortherkunft lässt einen wichtigen Aspekt des Phänomens hervortreten: dass jemand etwas »macht« oder etwas »kann«. Wer etwa in der Politik als »Macher« bezeichnet wird, gehört meist zu jenen, die in der Politik etwas zu sagen haben. In der Politik sind die Anordnungen und Entscheidungen ähnlich wie in einem Unternehmen verbindlich, nehmen dabei aber eine kollektiv verbindliche Form an, auch wenn sie im demokratischen Verfassungsstaat nur äußerst selten in Form autoritärer Befehlsgewalt auftreten.

So gibt es kaum eine politische Theorie, die sich nicht mit den Phänomenen der Macht auseinandersetzen würde. Dies beruht zum einen auf der Präsenz der Machtphänomene in der Politik, zum anderen auf der damit verbundenen Aufmerksamkeit der Politikwissenschaft für die Fragen der Macht. Nach einer verbreiteten, nahezu klassischen Auffassung besteht Politik ganz wesentlich aus dem Streben nach Macht. Politische Prozesse sind nach dieser Sichtweise in erster Linie Machtprozesse. Die Komplexität des Machtphänomens steigert sich noch einmal dadurch, dass nicht jeder in gleicher Weise auf eine Machtsituation reagiert. Manche Menschen ordnen sich verhältnismäßig gern unter; andere können es nicht ertragen, sich fügen zu müssen. Entsprechend unterschiedlich fallen die Bewertungen der Macht aus. Die einen scheinen mit der Macht regelrecht verheiratet zu sein und werden nicht müde, ihre Vorzüge zu preisen; den anderen ist jede Form von Macht verhasst. Sie hat, wie der Soziologe Rainer Paris sagt, »sehr verschiedene Formen und Ausprägungen, mit denen sich höchst unterschiedliche Motive, Auswirkungen und Leidensqualitäten verbinden«[8].

In einem sehr allgemeinen Sinne kann man Macht als die Fähigkeit verstehen, Einfluss auf seine Umgebung zu nehmen, die Dinge so zu beeinflussen, wie man sie gern hätte. In diesem Sinne argumentiert die bis heute weltweit prominenteste Machtdefinition: Max Weber definiert die Macht als die »Chance, innerhalb einer sozialen Beziehung den eigenen Willen auch gegen Widerstreben durchzusetzen, gleichviel worauf diese Chance beruht« (WuG, S. 28). Diese Definition, die seit achtzig Jahren auf die gesamte Machtliteratur eine bannende Wirkung ausübt, wird entsprechend in diesem Band häufiger zur Sprache kommen.

Um sich einen Überblick über die verschiedenen Machtkonzepte zu verschaffen, kann man unterschiedliche Zugänge wählen. Eine verbreitete Möglichkeit ist, die Konzepte nach ihrer jeweiligen Systematik vorzustellen, die einer informativen Darstellung in der Regel zugrunde liegt.[9] In der Tat sind Aussagen über die Macht erst aufgrund einer Beobachtung ihrer Wirkungen und Formen möglich. So unterscheidet der italienische Soziologe Gianfranco Poggi drei Formen sozialer Macht: ökonomische, normativ-ideologische und politische Macht,[10] während Heinrich Popitz vier »anthropologische Grundformen der Macht« formuliert: Verletzungsmacht, instrumentelle Macht, autoritative Macht und datensetzende Macht.[11] Ein duales Modell findet sich demgegenüber bei dem amerikanischen Politikwissenschaftler Joseph S. Nye; er unterscheidet zwischen einer *soft power*, die ihre Ziele durch Einflussnahme erreicht, und einer *hard power*, die sich mit Zwangsmitteln durchsetzt.[12] Noch prominenter ist das duale Modell seiner Kollegin Hanna F. Pitkin wie auch ihrer Kollegen Keith Dowding und Gerhard Göhler. Sie unterscheiden zwischen zwei Machtarten: *power over* (die Macht über andere Personen) und *power to* (die von anderen Personen unabhängige Fähigkeit, irgendetwas zu tun).[13] In der Tat kann man die meisten Machtkonzepte einer dieser beiden Seiten zuordnen. Allerdings ist der

Ausdruck *power over* insofern tautologisch, als man Macht nie *per se* hat, sondern ohnehin immer nur über etwas bzw. über jemanden. Sie ist immer etwas Relationales. Zudem kann sie nur dann wirksam sein, wenn das nötige Potential bereits vorhanden ist; sie existiert erst dann, wenn sie in einer sozialen Beziehung realisiert wird. Daher bietet sich eine alternative Unterscheidung von Gerhard Göhler an: zwischen *»transitiver Macht«*, »die den eigenen Willen auf andere überträgt und auf diese Weise Einfluss nimmt«, und *»intransitiver Macht«*, »die in sich selbst, in der Gesellschaft erzeugt und aufrechterhalten wird«[14]. Diese Unterscheidung eignet sich in der Tat sehr gut, um viele Machttheorien gegeneinander zu konturieren.

Die genannten Beispiele zeigen, wie unterschiedlich die methodischen Zugänge zu den Machtphänomenen sind. Der Nachteil einer Darstellung der verschiedenen Konzepte nach ihrer unterschiedlichen Systematik wäre jedoch eine gewisse Redundanz, da viele Konzepte sich überschneiden. Zudem würde man ihren jeweiligen Entstehungskontexten nicht gerecht werden. Die vorliegende Einführung wählt daher eine ideengeschichtlich orientierte Darstellungsweise. Sie eignet sich am besten für eine kompakte Darstellung der einzelnen Theorien wie auch ihrer Bezüge und Entwicklungslinien.

Heute halten wir die »geschichtliche Bedingtheit« von Begriffen (Otto Brunner) für etwas Selbstverständliches. Wenn Thomas Hobbes von Macht spricht, argumentiert er in einem bestimmten Kontext und meint womöglich etwas anderes, als wenn beispielsweise Niklas Luhmann von Macht redet. Die ideengeschichtliche Methode ist in den deutschsprachigen und angelsächsischen Geisteswissenschaften daher generell sehr verbreitet. Sie fragt danach, welche Machttheorien in den unterschiedlichen Epochen konzipiert wurden und in welchem genealogischen Zusammenhang sie untereinander stehen. Besonders deutlich zeigt sich diese historische Perspektive etwa im Handbuch *Geschichtliche Grundbegriffe*; der Artikel »Macht« ist dort mit 120 Seiten umfangreicher als manches Buch.[15] Ganz ähnlich, wenn auch deutlich kürzer, ist der Artikel »Macht« im *Historischen Wörterbuch der Philosophie* angelegt.[16]

Die Frage ist nur: In welcher Weise hat sich das Machtverständnis gewandelt? Zwei charakteristische Entwicklungen treten in den folgenden Kapiteln hervor: zum einen der – wenn auch nicht immer konstante – Versuch, verschiedene Formen der Macht zu unterscheiden, um zu einem differenzierteren Machtverständnis zu kommen; zum anderen das fortgesetzte Bemühen, Macht und Gewalt stärker voneinander abzugrenzen, um ihre unterschiedliche Wirkung, aber auch ihr gegenseitiges Verhältnis präziser zu bestimmen.

1. Hobbes und seine Vorläufer

1.1 Thukydides und das antike Denken

Den Beginn des abendländischen Machtdenkens datiert man gewöhnlich bei Thukydides, dem antiken griechischen Geschichtsschreiber (ca. 460 bis ca. 398 v. Chr.). Seine *Geschichte des Peloponnesischen Krieges*, mit der die Geschichtsschreibung überhaupt ihren Anfang nimmt, ist berühmt geworden durch ihre präzisen Beobachtungen und nüchterne Darstellungsweise, in der die beteiligten Kriegsparteien zu Wort kommen; Strategien der Kriegsführung und menschliche Natur, Angriff und Verteidigung, Bündnis und Verrat. Für das Thema Macht ist insbesondere der sogenannte Melier-Dialog wichtig. Die antike Großmacht Athen belagert in ihrem Krieg gegen die Großmacht Sparta das kleine Melos in der Ägäis, um es zur Aufgabe seiner Neutralität zu zwingen. Die Athener begründen ihren Machtanspruch gegenüber den Meliern mit der Drohgebärde des Stärkeren, aber auch mit einer Art anthropologischem Argument. Sie sagen: »wir folgen nur der menschlichen Natur, wenn wir eine Herrschaft, die sich uns anbot, angenommen haben und behalten wollen«; »es ist immer so gewesen, daß der Mindere sich dem Mächtigeren fügen muß«[17].

Auch wenn Thukydides an dieser Stelle nur die Stimme einer Kriegspartei wiedergibt, widerspricht sie doch nicht seiner Auffassung über die menschliche Natur. Diese Natur folgt den Gesetzen der Macht. Was der Stärkere diktiert, hat der Schwächere zu befolgen. Dies scheint sich im Schicksal der Melier zu bestätigen: Nachdem sie sich den Forderungen der Athener verweigern, werden sie von den Athenern erobert, die Männer werden getötet, die Frauen und Kinder als Sklaven verkauft. Politik ist für Thukydides ein unerbittlicher Machtkampf, in welchem sich der Stärkere behauptet. Darin ist die Politik ein Spiegel der menschlichen Natur. Wenn es bei ihm eine Anthropologie gibt, dann steht die Macht in ihrem Zentrum. Zur menschlichen Natur gehört bei Thukydides aber auch das Mehr-haben-Wollen, die Pleonexie (πλεονεξια), die sich in der Politik als Mehr-Macht-haben-Wollen niederschlägt. Thukydides hält diesen Trieb für schädlich. Dies kommt in der Dramaturgie seiner Schilderung zum Ausdruck: Nachdem die Athener gegenüber den Meliern noch rigoros vom Recht des Stärkeren Gebrauch gemacht haben, gerät ihre Expedition nach Sizilien zu einer Katastrophe. Der Peloponnesische Krieg, der über drei Jahrzehnte dauerte, endet schließlich mit dem Untergang Athens, der einst imperialen Macht.

Die ideengeschichtliche Bedeutung der *Geschichte des Peloponnesischen Krieges* liegt nicht zuletzt darin, dass Thukydides das Machtproblem als Erster formuliert, mit einer bis heute anhaltenden Wirkung. In seinem Plädoyer für eine nüchterne und illusionslose Betrachtung der Realität findet er viele spätere Bewunderer. Besonders laut rühmt Friedrich Nietzsche seinen »unbedingten Willen, sich nichts vorzumachen«; er preist Thukydides als »Offenbarung jener starken, strengen, harten Tatsächlichkeit« der älteren Hellenen.[18] Thukydides schreibt indes keinen Ratgeber für Machthaber und ist kein antiker Machiavelli. In seinem Plädoyer für eine realistische Sichtweise ist er eher ein Hans J. Morgenthau *avant la lettre*. Eindringlich schildert er die Grausamkeit des Krieges, der die Natur des Menschen besonders klar hervortreten lässt und sich als »gewalttätiger Lehrer« erweist.[19]

Das Echo seiner Vorstellung von einer gleichbleibenden menschlichen Natur, die von einem Willen zur Macht regiert wird, hallt indes über Jahrtausende nach und findet sich in den meisten Machttheorien wieder, nicht zuletzt bei Nietzsche. Auch die Vertreter der Realistischen Schule, vor allem der amerikanische Politikwissenschaftler Hans J. Morgenthau, waren erklärte Thukydides-Schüler. Die in der amerikanischen Politik ungemein einflussreiche Schule wandte sich in den 1940er und 1950er Jahren strikt gegen eine idealistische Betrachtung der internationalen Politik und plädierte für eine realistische Sichtweise. Dabei berief sie sich nicht nur auf das anthropologische Argument, dass die menschliche Natur stets nach Macht strebe, sondern auch auf Konzepte klassischer politischer Denker wie Thukydides.[20] Die heutigen imperialen Mächte formulieren ihre machtpolitischen Interessen in der Regel allerdings weit euphemistischer als ihre hellenischen Vorgänger.

Der harte, illusionslose Realismus, den Nietzsche an Thukydides so liebt, findet in der antiken Philosophie sein Gegenstück bei Platon (428/27 bis 348/47 v. Chr.). Der Gegensatz könnte kaum größer sein. Während Thukydides sich auf einen realistischen Standpunkt stellt und das Machtstreben, wenn auch nicht die Machthybris, als notwendigen Bestandteil der Politik begreift, will Platon sie auf das Ideal der Gerechtigkeit verpflichten. In den *Nomoi* bindet er sie an die Herrschaft der Gesetze. In der *Politeia* kontrastiert er die beiden konträren Konzepte: Während Sokrates auf dem sittlichen Charakter der Macht beharrt, vertritt Thrasymachos die sophistische Ansicht, das Recht sichere nur den Vorteil des Mächtigen; Gerechtigkeit sei ein relativer Begriff; gerecht sei, was dem Mächtigen nützt.[21] In dieser Auseinandersetzung sind die Rollen insofern ungleich verteilt, als es Sokrates nicht schwerfällt, die sophistische Haltung zu widerlegen und sich durchzusetzen. Zudem wissen wir über Thrasymachos nur das, was durch Platon überliefert ist; er führt außerhalb des Platonischen Dialogs kaum eine philologische Existenz. Die Konstellation indes ist ideengeschichtlich bedeutsam, da Platons gesamte politische Philosophie als Auseinandersetzung mit dem sophistischen Machtdenken verstanden werden kann. Bereits in seinem Frühwerk, im *Gorgias* (nach 399 v. Chr.), begegnen wir der Kritik der sophistischen Rhetorik. Für Gorgias wie seinen Schüler Kallikles ist die Rhetorik eine instrumentelle Machttechnik: eine Kunst des Herrschens.[22]

Einen weiteren Paradigmenwechsel im antiken Machtdenken markiert Paulus' Römerbrief (ca. 56 n. Chr.), da er die Quelle der Macht transzendent verortet und überdies mit einer Gehorsamsempfehlung verbindet. Er schreibt an die römische Gemeinde: »Jedermann soll den übergeordneten Gewalten untertan sein. Denn es gibt keine Gewalt außer von Gott.« (Röm. 13, 1) Mit dieser politischen Theologie legitimiert er jede politische Machtordnung als gottgewollt. Selbst wenn man in Rechnung stellt, dass Paulus beim Verfassen des Römerbriefs die spezifische Situation der christlichen Gemeinde im römischen Reich vor Augen hat, beschwört er auch für spätere Zeiten ein existenzielles Problem für jene Christen herauf, die sich einer tyrannischen Herrschaft, die gegen Gottes Gebote verstößt, nicht unterwerfen wollen. Folgt man der paulinischen Theologie, dann wäre ihnen jeder Widerstand verwehrt.

Nach dem Siegeszug des Christentums in der Spätantike und seiner universellen Durchsetzung als abendländischer Religion blieb das theologisch-politische Problem der Macht unvermindert aktuell. Es wurde insbesondere im mittelalterlichen Konflikt zwischen Kaiser und Papst virulent. Die beiden rivalisierenden Mächte versuchten ihren jeweils absoluten Machtanspruch auch theologisch zu legitimieren. Marsilius von Padua (ca. 1290 – ca. 1342) stellte sich auf die Seite des Kaisers und legitimierte dessen weltlichen Machtanspruch mit einem theologischen Argument: Da Gott der Ursprung der Macht und diese unteilbar sei, gebe es neben der weltlichen Macht kein Recht auf eine eigenständige, separat legitimierte kirchliche Macht. Eine »geistliche Macht« sei daher eine *contradictio in adiecto*; sie habe sich der weltlichen Gewalt unterzuordnen.[23] Dieser Konflikt wurde indes nicht theologisch gelöst, sondern durch die historisch-politische Entwicklung, in deren Folge sich die weltliche Macht gegenüber der kirchlichen durch militärische Überlegenheit durchsetzte.

1.2 Niccolò Machiavelli

Das theologische Problem der Macht tritt bei Niccolò Machiavelli (1469–1527) ganz aus dem Blickfeld. Der Florentinische Staatssekretär und Schriftsteller, bis heute der schillerndste Denker der Macht, interessiert sich weder für die Frage ihrer theologischen Legitimation noch für ihre philosophische Begründung, sondern allein für ihre Wirkungen. Machiavelli ist gewissermaßen ethisch unmusikalisch. Auch mit begrifflichen Erörterungen der Macht hält er sich nicht auf. Allerdings ist auch bei ihm zu erkennen, dass sein Machtdenken auf bestimmten Annahmen über die menschliche Natur beruht. Er meint, die Menschen begnügten sich nicht mit dem, was sie haben, sondern streben danach, »anderen ihren Willen aufzuzwingen«[24]. Aus dieser Pleonexie, die bereits bei Thukydides beschrieben wird, resultieren für Machiavelli auch die steten Probleme der Herrschaftssicherung. Hierzu ist wiederum die Macht das entscheidende Mittel: Angriff ist die beste Verteidigung.

Der funktionale Charakter der Macht tritt bei Machiavelli überall hervor. Seine berühmt-berüchtigte Schrift *Il Principe*, zu seinen Lebzeiten unveröffentlicht, ist ein Macht-Ratgeber für den Fürsten, der sich darum bemüht, nach seiner Machtübernahme seine Macht dauerhaft zu behaupten.[25] Anhand von historischen Beispielen erläutert Machiavelli in lakonischen Worten, welche Regeln der Fürst beherzigen sollte, um einen Machtverlust zu vermeiden. Der kalkulierte und strategische Einsatz von Gewalt ist für Machiavelli ein legitimes, wenn nicht notwendiges Mittel des Herrschers, um seine Machtposition zu sichern. Für Machiavelli, der die Gewalt kühl legitimiert, gibt es nur gut und schlecht angewandte Gewalt. Sie ist gut, wenn sie zur Machtsicherung eingesetzt wird und auf diesen Zweck beschränkt bleibt, also kein Dauerzustand wird (DF, S. 38). Sie ist schlecht, wenn sie dieses Ziel verfehlt.

Für Machiavelli kommt es auf das taktische Geschick des Herrschers an. Er empfiehlt, in einer berühmten Formulierung, dass der Herrscher »alle Gewalttaten, die er nicht umgehen kann, [...] alle auf einen Schlag ausführen sollte, damit er nicht jeden Tag von neuem damit zu beginnen braucht [...] Gewalttaten muß man alle auf einmal begehen, damit sie weniger empfunden werden und dadurch weniger erbittern. Wohltaten dagegen muß man nach und nach erweisen, damit sie nachhaltiger wirken.« (DF, S. 39) In seinem *Principe* beschreibt Machiavelli mit nüchternen Worten, wie sich der Herrscher notfalls durch Gewalt und Betrug aus einer misslichen Lage befreien kann. Seine Beschreibungen sind, auch in ihrem Duktus, deutlich vom Bild der altrömischen Diktatur geleitet. Warum aber die Empfehlung zu grausamem Handeln? Der Grund ist ein strategischer. Machiavelli sagt, man könne natürlich auch tugendhaft handeln und sich an Empfehlungen orientieren, wie sie damals in den klassischen Fürstenspiegeln gegeben wurden. Aber für den Herrscher sei es gar nicht ratsam, sich auf Prinzipien festzulegen. Erst recht dürfe er nicht versuchen, »gut« zu sein, denn dann sei er für seine Gegner viel zu berechenbar. Ein Herrscher müsse in der Wahl seiner Mittel immer flexibel bleiben.

Diese Theorie der Macht war in erster Linie ein Vademecum für eine erfolgreiche politische Machtbehauptung, eine »Technik von Machterwerb und Machtbewahrung für beliebig einzusetzende Zwecke«[26]. Dabei beschränken sich Machiavellis Empfehlungen allerdings auf einen ganz bestimmten Typus politischer Gemeinschaften, nämlich auf Monarchien, die nicht ererbt, sondern neu erworben sind, und zwar durch »glückliche Umstände«.

Machiavellis Ratschläge wurden über Jahrhunderte von vielen Herrschern befolgt; in der politischen Theorie aber hatte er nur selten eine gute Presse. Über Jahrhunderte galt er vielmehr als die Verkörperung des üblen Gesellen. Auf diese Weise wurde der »Machiavellismus« zu einem polemischen Kampfbegriff: zu einem Synonym für skrupellose Machtpolitik und rücksichtslose Interessendurchsetzung. Dass Machiavelli sich ausschließlich am Ziel der Machtbehauptung orientierte; dass er die Gewalt als legitimes Mittel der Politik legitimierte; dass er die Politik überhaupt von normativen Maßstäben zu befreien suchte: all das führte dazu, dass er vielen als Verderber des politischen Denkens, ja als »Lehrer des Bösen« (Leo Strauss) galt.[27]

Heute würde man nicht mehr zu derart starken Worten greifen. Neuere Publikationen lassen Machiavelli in deutlich milderem Licht erscheinen: als Klassiker des westlichen Republikanismus (*The Machiavellian Moment*), als Coach für Führungskräfte (*Machiavelli für Manager*), als Ratgeber für Feministinnen (*Machiavelli für Frauen*) oder für Politiker im Informationszeitalter (*Machiavelli Updated for the Twenty-First Century*).[28] Ungeachtet dieser neueren Anziehungskraft bleibt jedoch ein allgemeiner Grundvorbehalt, der mit einer ethischen Indifferenz zu tun hat. Nach wie vor wird den Machiavellisten eine »transmoralische« Position zugeschrieben,[29] ein »systematischer Amoralismus«, eine strikte »Äquidistanz zum Guten wie zum Bösen«[30].

1.3 Thomas Hobbes

Wie Machiavelli ist auch Thomas Hobbes ein Denker der Macht. Und wie Machiavelli war Hobbes mit der Macht persönlich in enge Berührung gekommen und widmete sich anschließend umso akribischer ihren Eigengesetzlichkeiten. Mit Hobbes (1588–1679) beginnt die moderne politische Philosophie. Ihm geht es weder um den Konflikt zwischen Kaiser und Papst noch um die Legitimation der Macht schlechthin, sondern um die Basislegitimität einer neuen politischen Form: die des modernen Staates. Hobbes antwortet auf die Erfahrung des englischen Bürgerkriegs mit der Erfindung des *Leviathan*, einer Figur, die er dem Alten Testament entlehnt und zu einem Symbol für den Staat macht. Damit prägt er die wirkungsmächtigste Metapher des modernen politischen Denkens. Sein *Leviathan*, 1651 in London erstmals veröffentlicht, ist ein Plädoyer für die ungeteilte Macht des Staates, da allein auf diesem Weg der mörderische Bürgerkrieg, der Krieg aller gegen alle, zu verhindern sei.[31]

Seit den konfessionellen Bürgerkriegen sind weite Teile des politischen Denkens auf dieses Problem gerichtet. Um dem unentscheidbaren Glaubenskampf zu entgehen, empfiehlt man den Ausweg der Unterwerfung unter die zentrale Macht. Hobbes ist nach wie vor ihr klassischer Theoretiker. Seine Staatstheorie ist zugleich eine Sicherheitstheorie. Er greift zu einer heuristischen Konstruktion: Es gebe einen Naturzustand, in dem jeder jeden töten kann. Dort herrsche, wie Hobbes in einem berühmten Satz sagt, »beständige Furcht und Gefahr eines gewaltsamen

Todes – das menschliche Leben ist einsam, armselig, ekelhaft, tierisch und kurz« (L, S. 96). Deshalb sei das Verlangen der Menschen darauf gerichtet, diesen Zustand zu überwinden.

Die Aufgabe der souveränen Macht ergibt sich für Hobbes aus dem Zweck, zu dem sie »mit der souveränen Gewalt betraut wurde, nämlich der Sorge für die *Sicherheit des Volkes*« (L, S. 255). Es gibt bis heute kaum eine umfassende Studie zum Thema Sicherheit, die sich nicht an zentraler Stelle auf Hobbes beziehen würde. Auch in seiner Schrift *Vom Bürger*, wo besonders viel von Sicherheit die Rede ist, sieht er das Verlangen nach Sicherheit als einzigen Grund dafür, weshalb die Menschen sich überhaupt zusammenschließen und dem Leviathan unterwerfen, nämlich um Sicherheit für Leib und Leben zu erlangen.[32] Demnach kommt hier eine Art Tauschgeschäft zustande: Die Menschen unterwerfen sich der Macht und erhalten dafür im Gegenzug die Sicherheit.[33]

Während Hobbes noch die Macht des Staates zu legitimieren suchte, wurde die inzwischen etablierte Staatsmacht bei dem britischen Philosophen John Locke (1632-1704) zum Gegenstand der Furcht. Locke geht es weniger um die Frage, wie man Sicherheit vor den gewalttätigen Anderen bekommt, sondern vielmehr darum, wie man sich vor einem potentiell gewalttätigen Staat in Sicherheit bringt. Er interessiert sich für den Schutz vor einer despotischen Herrschaft und betont in seiner *Zweiten Abhandlung über die Regierung*, man solle einer ungesetzlich gewalttätigen Obrigkeit Widerstand leisten – schließlich wehre man sich ja auch gegen Räuber und Piraten und, wie einst Odysseus, gegen menschenfressende Zyklopen.[34] Vielen seiner Zeitgenossen mag es despektierlich erschienen sein, wenn Locke die Obrigkeit hier mit Räubern, Piraten oder menschenfressenden Monstern vergleicht. Doch steht bereits bei Hobbes die Unterwerfung unter den Leviathan unter einem klaren Vorbehalt. Sie gilt nur, solange die Macht auch die Sicherheit der Unterworfenen gewährleistet. Das bedeutet in den Worten Carl Schmitts: »Wer nicht diese Macht hat, einen zu schützen, hat auch nicht das Recht, Gehorsam von ihm zu verlangen.«[35] Hobbes sagt auch, was passiert, wenn der Staat nicht mehr für die Sicherheit von Leib und Leben sorgt: Er sagt, dann kann man auch »nicht mehr von einem Staat sprechen«[36].

Das ist eine bemerkenswerte Folgerung, auch mit Blick auf die totalitären Systeme des 20. Jahrhunderts. Geht man von Hobbes aus, dann waren diese keine Staaten, sondern Un-Staaten. So wurde Hobbes dreihundert Jahre nach seinem Tod wieder aktuell, im Nationalsozialismus, als es wieder um das nackte Leben ging. In dieser Zeit entstand sicher nicht zufällig eines der interessantesten Hobbes-Bücher, nämlich Carl Schmitts *Der Leviathan in der Staatslehre des Thomas Hobbes*. Schmitt, selber ein Parteigänger des NS-Regimes, 1936 nach Angriffen aus der SS fast aller Ämter enthoben, schreibt in dieser Lage sein Hobbes-Buch, in welchem er darauf pocht, dass der Leviathan sich durch die Garantie für Leib und Leben *aller* Bürger auszeichne.[37] Dies ist bei Hobbes in der Tat der entscheidende Punkt. Für ihn könnte das Regime einer Bürgerkriegspartei, die nach ihrer Machtübernahme eine beträchtliche Energie darauf verwendet, den als »feindlich« definierten Teil der Bevölkerung zu vernichten, kein »Staat« sein.

Hobbes ist der erste moderne Denker der Macht. Bei ihm ist sie untrennbar mit den Zielen und Gütern verknüpft, die mit ihren Mitteln erreicht und gesichert werden sollen. Macht ist für Hobbes etwas prinzipiell Positives und Funktionales, wenn nicht sogar die Bedingung der Möglichkeit einer gesicherten Existenz. Ihr funktionaler Charakter kommt in der prominenten Definition zum Ausdruck: »Die *Macht eines Menschen* besteht, allgemein genommen, in seinen gegenwärtigen Mitteln zur Erlangung eines zukünftigen anscheinenden Guts und ist entweder *ursprünglich* oder *zweckdienlich. Natürliche Macht* ist das Herausragen der körperlichen oder geistigen Fähigkeiten, wie außerordentliche Stärke, Schönheit, Klugheit, Geschicklichkeit, Beredsamkeit, Freigebigkeit und Vornehmheit. *Zweckdienlich* ist die Macht, die durch natürliche Macht oder durch Zufall erlangt wird und als Mittel oder Instrument zum Erwerb von mehr Macht dient, wie Reichtum, Ansehen, Freunde und das verborgene Wirken Gottes, das man gewöhnlich Glück nennt.« (L, S. 66)

In diesem ersten prägnanten Machtbegriff der politischen Moderne zeigt sich bereits ein typisches Merkmal vieler moderner Machtbegriffe, nämlich ihr allgemeiner, umfassender Charakter. Zu der stattlichen Liste der Machtressourcen rechnet Hobbes alle erdenklichen Mittel zur Sicherung von Annehmlichkeiten. Auch in seiner Schrift *Vom Menschen* erscheint die Macht in erster Linie in ihrer funktionalen und materiellen Dimension. Hier heißt es: »Macht ist, wenn sie bedeutend ist, ein Gut, weil sie uns Mittel zu unserem Schutz gewährt; auf dem Schutz beruht aber unsere Sicherheit.«[38] Hobbes ist wörtlich zu nehmen. Er versteht die Macht als ein »Gut«, und die meisten Güter sind knapp. So steht auch die Macht nicht jedermann zur Verfügung. Entsprechend heftig sind die Verteilungskämpfe um die knappe Ressource Macht in der Politik.

Wie bei den meisten anderen Denkern der Macht beruht auch Hobbes' Machtverständnis auf dezidiert vorgetragenen Ansichten über die menschliche Natur. Hierzu gehört nicht nur der menschliche Drang zum Macht-haben-Wollen, sondern auch der des Mehr-Macht-haben-Wollens. Hobbes hält »ein fortwährendes und rastloses Verlangen nach immer neuer Macht für einen allgemeinen Trieb der gesamten Menschheit, der nur mit dem Tode endet. Und der Grund hierfür liegt nicht immer darin, daß sich ein Mensch einen größeren Genuß erhofft als den bereits erlangten, oder daß er mit einer bescheidenen Macht nicht zufrieden sein kann, sondern darin, daß er die gegenwärtige Macht und die Mittel zu einem angenehmen Leben ohne den Erwerb von zusätzlicher Macht nicht sicherstellen kann.« (L, S. 75)

Für das Hobbes'sche Machtdenken sind drei Punkte ausschlaggebend. Erstens ist im Macht-haben-Wollen immer schon ein Mehr-Macht-haben-Wollen angelegt, eine Tendenz, die für das menschliche Zusammenleben charakteristisch ist und es nicht unkomplizierter macht. Zweitens ist das Machtstreben kein Primärtrieb, denn es dient lediglich zur Befriedigung anderer Bedürfnisse. Dies ist ein Befund, der ein Vierteljahrtausend später von Sigmund Freud bestätigt wird, der den Machttrieb aus diesem Grund unter die Partialtriebe subsummiert.[39] Der Machttrieb ist bei Hobbes in erster Linie auf das Ziel der Sicherheit gerichtet: Wer nach Macht strebt, möchte sich nicht nur Annehmlichkeiten verschaffen, sondern auch Unsicherheit reduzieren. Dies ist ein Gesichtspunkt, der im 20. Jahrhundert, etwa in der soziologischen Theorie bei Heinrich Popitz, ganz in den Vordergrund rückt.[40] Drittens ist die Machtakkumulation mit dem Gewinn der erlangten Güter nicht abgeschlossen, denn diese führen zu einem weiteren Zugewinn an Macht. Hier spielt der Aspekt der Kommunikation der Macht eine wichtige Rolle. Die Macht muss nicht einmal tatsächlich existent sein; der Anschein genügt, wie Hobbes deutlich macht: »Im Ruf von Macht stehen ist Macht, weil dies die Anhängerschaft von Schutzbedürftigen nach sich zieht. In dem Ruf stehen, von seinem Land geliebt zu werden, Volkstümlichkeit genannt, ist aus demselben Grunde Macht. Ebenso ist jede Eigenschaft Macht, die einem Menschen die Liebe oder die Furcht vieler einbringt, oder der Ruf einer solchen Eigenschaft, da sie ein Mittel ist, die Hilfe und den Dienst vieler zu erlangen.« (L, S. 66)

Hobbes' Beispiele zeigen: Man verfügt bereits dann über Macht, wenn man für mächtig gehalten wird. Er beschreibt zwar anschaulich ihre Wirkungen und Voraussetzungen, aber einen präzisen Machtbegriff sucht man bei ihm vergebens. Macht kann alles und jedes bedeuten, was zur Befriedigung der eigenen Ziele und Bedürfnisse dient. Hobbes' Machtverständnis eignet sich daher auch nicht als Grundlage empirischer Machtanalysen und wird hier entsprechend selten herangezogen. Dennoch sind seine Positionen in der politischen Ideengeschichte stets präsent geblieben. Seine Idee, Macht als eine Art Potenz zu begreifen, scheint bei Kant wieder auf. Dieser bemüht sich insbesondere darum, die in der Ideengeschichte häufig miteinander identifizierten Phänomene der Macht und der *Gewalt* auseinanderzuhalten. In seiner *Kritik der Urteilskraft* (1790) heißt es: »*Macht* ist ein Vermögen, welches großen Hindernissen überlegen ist. Eben dieselbe heißt eine Gewalt, wenn sie auch dem Widerstande dessen, was selbst Macht besitzt, überlegen ist.«[41] Hier erscheint die Gewalt als eine Steigerungsform der Macht. In welche Richtung sein Verständnis zielt, lässt sein Staatsverständnis erkennen, wenn er den Staat in der *Metaphysik der Sitten* (1797) als »eine *Macht* (potentia) schlechthin« versteht.[42]

Von hier lässt sich bereits eine Brücke schlagen zu zwei modernen Machttheoretikern, auf die ebenfalls zurückzukommen sein wird: Max Weber, der die Macht als eine Potentialität begreift, eine »Chance«, etwas zu bewirken (WuG, S. 28), und Hannah Arendt, für die die Macht an konkretes Handeln gebunden ist; wo nicht gehandelt wird, entstehe auch keine Macht (Va, S. 194).

Wie die angeführten Positionen von Thukydides bis Hobbes zeigen, ist das Machtproblem von der Antike bis zur Frühen Neuzeit im politischen Denken präsent. Es wurde zwar im antiken politischen Denken noch nicht theoretisch eingehend seziert, aber man wird nicht der These Helmuth Plessners zustimmen können, die Machtreflexion habe erst nach der Aufklärung begonnen. Die Aufklärung ist gleichwohl eine Zäsur in der Geschichte des Machtdenkens. Das Schwinden der Selbstverständlichkeit der Ordnung im Zuge der Säkularisierung hat, wie Plessner mit Recht bemerkt, auch ein besonderes »Interesse am Begriff der Macht« geweckt.[43] Zugleich zeigt sich hier der enge Zusammenhang zwischen den Phänomenen der Macht und dem Interesse an Ordnung. Nachdem die politische Theorie sich erst einmal auf das Problem der Macht eingelassen hatte, hat es sie nicht mehr losgelassen.

2. Gut und Böse: Macht und menschliche Natur (I)

Die Phänomene der Macht sind in menschlichen Beziehungen, sozialen Institutionen und politischen Gebilden scheinbar unausweichlich präsent. Dieser Umstand hat viele Theoretiker zu der Annahme geführt, die Phänomene der Macht seien anthropologisch bedingt, beruhten also auf Strukturen, die in der menschlichen Natur zu suchen sind. Eine solche Annahme scheint auf den ersten Blick plausibel und wird zudem von vielen Autoren bestätigt, die einen solchen Zusammenhang von Macht und menschlicher Natur postulieren. Entsprechende Positionen finden sich schon in der griechischen Antike, etwa in Thukydides' *Geschichte des Peloponnesischen Krieges*, wie bereits deutlich wurde.

Seither zieht sich die Idee der Macht als anthropologischer Konstante wie ein roter Faden durch die Ideengeschichte. Im 20. Jahrhundert postulierten Hans J. Morgenthau und die anderen Vertreter der Realistischen Schule, dass der Machthunger »allen Menschen gemeinsam« und daher »mit dem sozialen Leben untrennbar verbunden« sei.[44] Aus der Sicht der philosophischen Anthropologie hat Helmuth Plessner im 20. Jahrhundert den Zusammenhang von »Macht und menschlicher Natur« in mehreren Anläufen zu formulieren versucht. Er kam zu dem Schluss: »Machtfragen hat es immer gegeben, solange Menschen in einer Ordnung zusammen leben. Sie stellt sich nur als Über-

und Unterordnung her. Einer soll Herr sein, und wenn es kein Häuptling oder Stammesfürst, kein gekröntes Haupt oder Tyrann sein darf, sondern das Produkt einer Wahl [...]: an den Gesetzen der Macht ändert sich damit nichts.«[45]

Betrachtet man diesen Befund näher, dann kristallisieren sich hier drei Momente heraus. Erstens ist Macht unausweichlich, zweitens führt sie stets zu einer Hierarchiebildung, und drittens gibt es Gesetze der Macht, die unabhängig von den jeweils aktuellen Verhältnissen gelten. Versteht man Macht als die Fähigkeit, die Dinge nach seinen eigenen Vorstellungen zu beeinflussen, dann gibt es wohl kaum jemanden, der nicht gern über diese Fähigkeit verfügen würde. Folgt man Helmuth Plessner, dann ist in der menschlichen Natur jedenfalls ein eindeutiger Machttrieb angelegt. Aber auch über solche expliziten Positionen hinaus sind die meisten Aussagen über das Wesen der Macht anthropologisch grundiert.

Aus der Perspektive der anthropologischen Soziologie hat Arnold Gehlen (1904–1976) diesen Umstand bekräftigt: »Anthropologische Vorstellungen sind zum Verständnis des Machtproblems unentbehrlich.«[46] Dass Gehlen hier richtig lag, bestätigte sich fortlaufend in der Literatur der verschiedensten Disziplinen. Wer wie der Pädagoge Eduard Spranger (1882–1963) postuliert, die Macht gehöre zu den »Urtatsachen des Lebens«, der greift zu einem anthropologischen Argument, nämlich dass die Macht zu den Gegebenheiten menschlicher Existenz gehöre. Sprangers These ist: »Das ganze menschliche Leben ist von Macht- und Rivalitätsverhältnissen durchzogen. [...] Jeder einzelne ist irgendwie ein Machtzentrum und auch wieder ein Machtobjekt.«[47] Was er hier in blumiger Sprache erläutert, wird von denkbar unterschiedlichen Autoren bekräftigt: dass jeder Mensch unausweichlich in soziale Machtprozesse involviert ist. Zu den Vertretern dieser Ansicht gehören Friedrich Nietzsche, Jacob Burckhardt,

Helmuth Plessner, Hans J. Morgenthau, Arnold Gehlen und Heinrich Popitz.

2.1 Jacob Burckhardt und Friedrich Nietzsche

Im Blick auf den Zusammenhang von Macht und menschlicher Natur stellt sich insbesondere die Frage, ob man hier von einem »Machttrieb« sprechen kann, und wenn ja, ob es sich um einen positiven oder aber destruktiven Trieb handelt. Zu den klassischen Autoren, die einen Zusammenhang zwischen Macht und menschlicher Natur herstellen, gehört Friedrich Nietzsche. Als Altphilologe ohnehin mit der Antike befasst, nimmt er den Faden der attischen Denker wieder auf und feiert Thukydides für seine illusionslosen Schilderungen sowie die Sophisten für ihren Realismus (NA, S. 730). Er macht den »Willen zur Macht«, von dem er in seinen späteren Schriften spricht (NA, S. 552, 455), zu einem geflügelten Wort. Allerdings schwankt er in der Bewertung dieses Willens. In seinen frühen Schriften verachtet er noch jeden, der »chinesenhaft-mechanisch sein ›Ja‹ zu jeder Macht (gibt), sei dies nun eine Regierung oder eine öffentliche Meinung oder eine Zahlen-Majorität«[48]. Der junge Nietzsche ist misstrauisch gegenüber der »Natur der Macht« und meint, sie sei »immer böse«[49]. In dieser Haltung ist er von dem Schweizer Kulturhistoriker Jacob Burckhardt beeinflusst, seinem älteren Kollegen an der Universität Basel. Im Wintersemester 1870/71 hört der 26-jährige Nietzsche, obwohl zu dieser Zeit selbst schon Professor, Burckhardts Basler Vorlesung *Über das Studium der Geschichte*. Dort vertritt der Kulturhistoriker die Ansicht, dass »die Macht an sich böse« sei, »gleichviel wer sie ausübe. Sie ist [...] eine Gier und *eo ipso* unerfüllbar, daher in sich unglücklich und muß also Andere unglücklich machen.« (WB, S. 70)[50]

Diese Einschätzung wurde, auch aufgrund ihres apodiktischen Tonfalls, zu einer gängigen Münze in der Machtkritik des 20. Jahrhunderts. Sie enthält im Grunde zwei Thesen: Erstens sei die Macht böse und zweitens eine Gier, die unglücklich mache. Vor allem die erste These wurde durch Burckhardt populär. Er begründet seine These zwar nicht, aber der unmittelbare Kontext lässt erkennen, dass er hier die politische Macht der neuen Großstaaten seiner Zeit im Auge hat. Zu diesen Großstaaten gehören vor allem das neu gegründete Italien und das im Januar 1871, also noch während des laufenden Wintersemesters 1870/71, gegründete Deutsche Reich sowie die USA, die zwar schon hundert Jahre zuvor gegründet worden waren, aber im amerikanischen Bürgerkrieg (1861–1865) wenige Jahre zuvor ihr Auseinanderfallen erfolgreich abgewendet hatten.

In diesem Zusammenhang erläutert Burckhardt seinen Hörern die moderne Tendenz »der Völker zur Einheit und zum Großstaat – der dann auch, wenn er (wie die amerikanische Union) in seinem Bestande bedroht ist und der Trennung zuzusteuern scheint, mit den äußersten Mitteln sein Beisammenbleiben behauptet«. Im amerikanischen Bürgerkrieg hatten die Kombattanten zu jenen »äußersten Mitteln« gegriffen, so entschlossen wie kaum je zuvor. Burckhardt nennt in seiner Vorlesung die verlogenen Formeln, mit denen die Großstaaten ihre imperiale Machtpolitik zu legitimieren versuchen. Sie führen nicht mehr, wie noch die Athener bei Thukydides, die schlichte Begründung an, der Schwächere müsse sich dem Mächtigeren fügen, sondern sie greifen zu phantasievollen Euphemismen: Wir schaffen »höchste Vollendungen der Kultur (als wäre diese das leitende Prinzip)«; zu unseren Leistungen gehören »schrankenloser Verkehr, Freizügigkeit, [...] Konzentration des Verzettelten, großer Mehrwert des Vereinigten, Vereinfachung des Komplizierten« (WB, S. 70).

Burckhardt zitiert die Formeln mit erkennbarem Sarkasmus. Nicht zuletzt in ihrem Euphemismus erinnern sie den heutigen Leser an die Propaganda-Slogans der Europäischen Union, die den Bürgern die Sinnhaftigkeit ihrer monströsen Reformen, wie etwa die Einführung des Euro (und später seiner nicht weniger monströsen Rettungsversuche), mit einer abenteuerlichen Rhetorik zu vermitteln suchen. Burckhardt blieb schon vor 130 Jahren gegenüber großsprecherischer, lügenhafter Propaganda skeptisch. Er kam zu dem nüchternen Befund, es gehe den großstaatlichen Gebilden doch wohl in erster Linie um die Macht: »Das kleinstaatliche Dasein wird wie eine bisherige Schande perhorresziert; alle Tätigkeit für dasselbe genügt den treibenden Individuen nicht; man will zu etwas Großem gehören und verrät damit deutlich, daß die Macht das erste, die Kultur höchstens ein ganz sekundäres Ziel ist.« (WB, S. 70)

Die Aversion, die hier erkennbar wird, beruht auf einer ausgeprägten Abneigung gegenüber dem Gebaren von Großmächten. Wie sehr das zeitgenössische Staatsdenken insbesondere im Deutschen Kaiserreich auf die Macht fixiert war, zeigt das Beispiel des Historikers Heinrich von Treitschke, der an der Berliner Universität zwanzig Jahre lang seine einflussreichen Politik-Vorlesungen hielt. Er lehrte seine Studenten das ABC der Machtpolitik: das »Wesen des Staates« sei »zum Ersten Macht, zum Zweiten Macht und zum Dritten nochmals Macht«[51]. Solche bramabasierenden Proklamationen mag Burckhardt bei seiner Machtkritik vor Augen gehabt haben. Die Macht war für ihn nur das verwerfliche Prinzip der Imperien-Bildung und des Imperialismus. Seine These, dass die Macht »an sich böse« sei, bezieht sich also auf eine ganz spezielle Dimension der Macht, nämlich auf die politische Macht von Großstaaten. Gleichwohl wird seine These bis heute als allgemeine Aussage über die Macht als solche missverstanden. Damit verfälscht man seine These jedoch ganz erheblich.

Burckhardts Position ist für seine Zeit insofern untypisch, als der Machtbegriff sich bereits ab Mitte des 19. Jahrhunderts zunehmend von seiner einstigen Bindung an den Staat gelöst hatte.[52] Der entscheidende Grund für Burckhardts Ablehnung der Macht ist, dass sie eine Gier und daher unersättlich sei. Hier handelt es sich um ein anthropologisches Argument, das bereits bei Thukydides, Machiavelli, Hobbes und Kant hervortritt, die Pleonexie – das Mehr-haben-Wollen. Während bei vielen menschlichen Bedürfnissen die Gier irgendwann gestillt ist, verhält es sich bei der Macht-Gier anders: sie ist für Burckhardt unersättlich. Wer Macht hat, begnügt sich nicht mit dem Erreichten, sondern will noch mehr Macht.

Diese Annahme entspricht einer alten Einsicht, die seit Thukydides von vielen Autoren bestätigt worden ist. Bei Nietzsche heißt es in den nachgelassenen Schriften: »was der Mensch will, was jeder kleinste Teil eines lebenden Organismus will, das ist ein *Plus von Macht*« (NA, S. 712). Hier wie auch an anderen Stellen beruft Nietzsche sich auf die menschliche Natur, um die eigene Position zu untermauern. Darin ist er insofern ein idealtypischer Autor, als die meisten Machttheorien seit der Antike von anthropologischen Argumenten durchzogen sind. Wenn man sich diese Sichtweise zu eigen macht, dann könnte man annehmen, im Menschen sei eine entsprechende Disposition angelegt, die zwangsläufig zur Bildung von Machtbeziehungen führe.

Gibt es tatsächlich einen solchen Machttrieb in der menschlichen Natur, der entsprechende Prozesse der Machtbildung nach sich zieht? In sozialpsychologischen Theorien wird die Existenz von Machtbeziehungen auf eine solche »individuelle Disposition« zurückgeführt, ja sogar als »Ursache der Machtausübung« gesehen. Diese Disposition ziehe »entsprechend ihrer Ausprägung Machthandeln bei einzelnen Personen nach sich«[53].

Diese Vorstellung findet sich bereits bei Nietzsche, der von einem »Grundtrieb nach Macht« spricht, einem »Willen zur Macht« (NA, S. 552 u. 455). Die Bedeutung dieses Willens steigert sich ins Universelle, wenn er ihn zur Grundlage der menschlichen Existenz erklärt: »Unsere Triebe sind reducirbar auf den *Willen zur Macht*. Der Wille zur Macht ist das letzte Factum, zu dem wir hinunterkönnen.«[54] Wenn aber derart alles durch diesen Trieb bestimmt wird, dann handelt es sich um einen anthropologischen Faktor schlechthin. Zu diesem Schluss kommt er in *Jenseits von Gut und Böse*, wo er den Gedanken durchspielt, »unser gesamtes Triebleben als die Ausgestaltung und Verzweigung *einer* Grundform des Willens zu erklären – nämlich des Willens zur Macht«[55].

Der späte Nietzsche, der sich radikal von Jacob Burckhardt emanzipiert, erweist sich als Apologet jenes Willens zur Macht und wird nicht müde, ihn zu preisen. Die Frage »Was ist gut?« beantwortet er entsprechend: »Alles, was das Gefühl der Macht, den Willen zur Macht, die Macht selbst im Menschen erhöht.« Auch die Frage »Was ist Glück?« richtet sich für ihn darauf: »Das Gefühl davon, daß die Macht *wächst* – daß ein Widerstand überwunden wird. *Nicht* Zufriedenheit, sondern mehr Macht.«[56] Der späte Nietzsche schwankt indes weiterhin in seiner Bewertung, denn er ist davon überzeugt, »die Macht *verdummt*«,[57] und er verurteilt den »Grundtrieb nach Macht« als das »furchtbarste [...] Verlangen des Menschen« (NA, S. 552 u. 857).

Sigmund Freud, der zu Nietzsche in einer ambivalenten Beziehung steht, subsumiert den Machttrieb schließlich unter die Partialtriebe; er sieht ihn nicht als Elementartrieb, rückt ihn zudem ganz auf die dunkle Seite und nennt ihn mit dem Destruktionstrieb in einem Atemzug.[58] In ähnlicher Weise spricht auch Alfred Adler, bei Nietzsche und Freud in die Schule gegangen, über das »Streben nach Macht« als dem »hervorstechendsten Übel in der Kultur der Menschheit«, ein Übel, das schon in der Kindheit entstehe.[59] Obwohl Klassiker der Psychologie wie Freud und Adler sich ihrer Sache sicher waren und obwohl sie einen prominenten Gewährsmann wie Nietzsche auf ihrer Seite hatten, ist die Annahme eines solchen Machttriebs bis heute umstritten, zumal dieser Trieb unmöglich bei allen Menschen existieren kann, nicht einmal bei der Mehrheit.

In der Politik gehört das Machtstreben nach wie vor zum ABC der Selbstbeschreibung. Wer als Politiker das eigene Machtstreben deutlich genug zu erkennen gibt, verschafft sich gegenüber anderen scheinbar einen Vorteil. Umso erstaunlicher ist es, wenn jemand ausdrücklich die Machtambition von sich weist. Im Jahr 2008 äußerte der damalige niedersächsische Ministerpräsident Christian Wulff in einem Interview: »Mir fehlt der unbedingte Wille zur Macht und die Bereitschaft, dem alles unterzuordnen.« Anders als die Alphatiere in der bundesdeutschen Politik beziehe er aus dem Machtstreben keinen Lustgewinn. So beantwortete er die Frage, ob er sich das Amt des Bundeskanzlers zutraue, mit einem klaren Nein.[60] Das war für die damals zweitmächtigste Figur seiner Partei eine überraschende Aussage, sofern hier nicht strategische Motive ausschlaggebend waren. In diesem Fall hätte es sich um eine besonders raffinierte Variante des Machtstrebens gehandelt. Der Machtanspruch kann umso überzeugender sein, wenn er in defensive Formen gekleidet ist.

Daher scheint die These des Kulturhistorikers Thomas Macho plausibel, es sei eine kluge Entscheidung, den Machtanspruch nicht zu formulieren: »Wer zu auffällig und zu sichtbar ein erotisches Verhältnis zur Macht bekennt, der wird bestraft. Ein Politiker, der dagegen ein distanziertes Verhältnis zu seinen Kollegen bekennt, darf durchaus mit Steigerungen seiner Sympathiewerte rechnen.« Eine solche Äußerung sei ohnehin nur strategisch motiviert, da der Machtverzicht im politischen Betrieb gar nicht vorgesehen sei: »Man kann nicht gleichzeitig [...] Macht ausüben und auf sie verzichten. Dem Willen zur Macht kann kein Wille zur Ohnmacht gegenübergestellt werden.«[61]

2.2 John Actons Skepsis und Montesquieus Ideal

Bis heute sind gleichwohl viele Beobachter davon überzeugt, das Machtstreben sei eine negative Energie, welche die Politik und das soziale Zusammenleben überhaupt beeinträchtige. In der Tat resultieren viele politische Probleme aus dem Mehr-Macht-haben-Wollen. Die modernen Verfassungsstaaten neutralisieren diese Virulenz durch eine Vielzahl institutioneller Regeln und Verfahren, nicht zuletzt in Gestalt der Verfassung selbst, die vor allem darauf gerichtet ist, das Mehr-Macht-haben-Wollen zu begrenzen und unerwünschte Machtkonzentrationen zu verhindern. Die modernen politischen Systeme verwenden große Energien darauf, Macht zu domestizieren und zu kontrollieren, da man mit ungebundener, absoluter Macht in der Geschichte keine sonderlich gute Erfahrung gemacht hat.

Der prägnanteste Satz, der diese Erfahrung bündig zusammenfasst, stammt von dem britischen Historiker und Politiker Lord John Emerich Acton (1834–1902) und lautet: »Power tends to corrupt and absolute power tends to corrupt absolutely.«[62]

Dieser Satz John Actons ist einer der meistzitierten Sätze der politischen Literatur. Auch jenseits der politischen Literatur hat er weltweit eine enorme mediale Präsenz. Gibt man ihn heute in einer Internetsuchmaschine ein, erhält man knapp eine Million Treffer. Es gibt kaum eine Abhandlung zum Thema Macht, in der man nicht auf das Zitat stoßen würde. Zudem wird es fast immer zustimmend angeführt. In der Moderne hat sich, wie Hannah Arendt sagt, nichts »allgemeiner durchgesetzt als die Überzeugung, daß ›Macht korrumpiert‹« (Va, S. 199).

Der berühmte Satz stammt aus einem Brief von John Acton aus dem Jahr 1887 an Mandell Creighton, den Autor einer mehrbändigen *History of the Papacy During the Reformation.* Die ersten beiden Bände dieses Werks (London 1882) hatte Acton einige Jahre zuvor rezensiert, und zwar mit einer Polemik, wie man sie bis dahin in der Geschichtswissenschaft nicht kannte. Der Autor Creighton aber blieb davon unbeeindruckt. Als die Folgebände seines Werks erschienen, bat er niemand anderen als Acton darum, die Bände in der *English Historical Review* zu rezensieren.

In einem der Briefe, die die beiden Briten in diesem Zusammenhang wechselten, fällt das berühmte Lord-Acton-Zitat. Creighton hatte in seinem Werk behauptet, man müsse Personen wie den Papst oder den König nach anderen Maßstäben beurteilen als gewöhnliche Menschen, denn außergewöhnlichen Menschen komme auch entsprechend mehr Macht zu. Genau das bezweifelte John Acton und forderte stattdessen, den Machthabern umso genauer auf die Finger zu sehen: »If there is any presumption it is the other way against holders of power, increasing as the power increases. Historic responsibility has to make up for the want of legal responsibility. Power tends to corrupt and absolute power tends to corrupt absolutely. Great men are almost always bad men, even when they exercise influence and not authority: still more when you superadd the tendency or the certainty of corruption by authority. There is no worse heresy than that the office sanctifies the holder of it.«[63]

Die Argumentation ist interessant. Nachdem Acton zunächst also nur sagt, dass die Macht »dazu tendiere« zu korrumpieren, verschärft er schließlich seine Aussage und sagt, sie korrumpiere »mit Sicherheit«. Die Pointe seines Statements ist die Beobachtung, dass mit zunehmender Macht auch der Grad der Korrumpierung steige. Dahinter steht, wie so oft, eine anthropologische

Position, nämlich dass Menschen sich negativ verändern, wenn sie Macht in die Hand bekommen, und sich noch negativer verändern, wenn sie unbeschränkte Macht bekommen. Folgt man John Acton, dann werden Machthaber »fast immer« zu schlechteren Menschen.

Während John Acton nur die Seite der Machtausübenden betrachtete, haben andere Autoren auch die Seite der Machtunterworfenen in den Blick genommen. Schließlich berührt seine These auch diejenigen, die absoluter Macht unterworfen sind, vielleicht sogar, wie etwa Hannah Arendt und Arnold Gehlen deutlich machen, in weit stärkerem Maße: »absolute Ohnmacht korrumpiert auch absolut«[64]. Diese Dimension wird oft vernachlässigt, da man zumeist nur die Machtausübenden betrachtet. Wie stark der Machtunterworfene durch absolute Macht verändert und deformiert wird, zeigen wohl am eindrücklichsten die autobiographischen Berichte der Überlebenden totaler Herrschaft. »Jeder Deutsche, der eine Uniform trug und eine Waffe hatte, konnte in Warschau mit einem Juden tun, was er wollte. Er konnte ihn zwingen zu singen oder zu tanzen oder in die Hosen zu machen oder vor ihm auf die Knie zu fallen und um sein Leben zu flehen. Er konnte ihn plötzlich erschießen oder auf langsamere, qualvollere Weise umbringen. Er konnte einer Jüdin befehlen, sich auszuziehen, mit ihrer Unterwäsche das Straßenpflaster zu säubern und dann vor aller Augen zu urinieren. Den Deutschen, die sich diese Späße leisteten, verdarb niemand das Vergnügen, niemand hinderte sie daran, die Juden zu mißhandeln und zu morden, niemand zog sie zur Verantwortung. Es zeigte sich, wozu Menschen fähig sind, wenn ihnen unbegrenzte Macht über andere Menschen eingeräumt wird.«[65]

Zu einem ähnlichen Schluss wie dieser autobiographische Bericht Marcel Reich-Ranickis kommen auch historische und sozialwissenschaftliche Studien.[66] Sie bestätigen im Grunde stets John

Actons Position, dass absolute Macht von absolutem Übel sei. Der Brite argumentiert nicht nur von einem anthropologischen Standpunkt aus, sondern auch mit der historischen Erfahrung. Wollte man aus seinen Ausführungen praktische Schlüsse ziehen, dann würden sie zweifellos den Prinzipien des modernen Verfassungsstaates sehr nahekommen. Mit all seinen Institutionen und Mechanismen der Machtkontrolle und Gewaltenteilung ist der Verfassungsstaat ein großangelegter Versuch, Macht zu begrenzen und den Machthunger der Mächtigen zu dämpfen. Die Mächtigen werden nicht enteignet – und sie können auch nicht enteignet werden –, aber sie werden daran gehindert, ihre Macht uneingeschränkt zu gebrauchen. Eine der Lehren der Geschichte lautet: Es ist unter allen Umständen erstrebenswert, absolute Macht und Machtkonzentration zu verhindern.

Wie die historische Erfahrung zeigt, ist jedoch kaum eine Macht daran interessiert, sich kontrollieren zu lassen; sie muss immer hierzu gezwungen werden. Die verfassungsstaatlichen Schutzvorkehrungen hierzu sind bekannt: Machtbegrenzung, Gewaltenteilung und Rechtsbindung der Staatsgewalt. Dies schlägt sich ab dem späten 18. Jahrhundert in den modernen Verfassungen nieder, die einerseits Macht begrenzen und andererseits die Machthabenden auf die Einhaltung von bestimmten Garantien verpflichten wollen. Schon in den ersten Verfassungen findet sich das Recht auf Sicherheit und Schutz, etwa in den Artikeln 2 und 8 der Französischen Verfassung aus dem Jahr 1793, zuvor bereits in den Verfassungen der amerikanischen Einzelstaaten.[67] Auch heutige Verfassungen wollen die bestehende Ordnung vor Machtmissbrauch schützen. Dieser Gedanke ist einer Diktatur völlig fremd. Der erste Schritt nach der Errichtung einer Diktatur ist konsequenterweise fast immer die Abschaffung der Gewaltenteilung. So gehört das Prinzip der Gewaltenteilung zum Kern der westeuropäischen politischen Identität. Europa hat, wie Peter Graf

Kielmansegg erläutert, »sein zivilisatorisches Profil wesentlich gewonnen als Kontinent der Gewaltenteilungen: Gewaltenteilung zwischen Religion und Politik, zwischen dem öffentlichen und dem privaten Bereich, zwischen Wirtschaft und Staat, zwischen Gewalt und Gegengewalt im Aufbau des Staates selbst. Wahrscheinlich ist Gewaltenteilung das elementarste Strukturmerkmal der europäischen Zivilisation überhaupt«[68].

Der Grundgedanke der Gewaltenteilung wird bereits bei Montesquieu formuliert, der als einer ihrer wichtigsten Vordenker gilt. Er beschreibt sie in seinem 1748 erschienenen Werk *Über den Geist der Gesetze* (*De l'Esprit des lois*), einem der wichtigsten Werke in der Geschichte der politischen Philosophie überhaupt. Der normative Grundgedanke, der für ihn hinter dem Prinzip der Gewaltenteilung steht, ist die Sicherung der Freiheit. Die Freiheit gibt es für Montesquieu nur dort, wo die Macht nicht missbraucht wird. An dieser Stelle setzt seine anthropologische Skepsis an. »Eine ewige Erfahrung lehrt jedoch, daß jeder Mensch, der Macht hat, dazu getrieben wird, sie zu mißbrauchen. [...] Damit die Macht nicht mißbraucht werden kann, ist es nötig, durch die Anordnung der Dinge zu bewirken, daß die Macht die Macht bremse.«[69]

Montesquieu erläutert sein Konzept anhand der englischen Verfassung. Dieses Bild ist äußerst modelliert, und sein Gewaltenteilungsmodell deckt sich überdies nicht mit der heutigen Trias von Legislative, Exekutive und Judikative. Worauf es jedoch ideengeschichtlich ankommt, ist die Konsequenz und Intention der Scheidung der Gewalten. Die verschiedenen Machtinstitutionen sollen sich gegenseitig in Schach halten. Dieser im Grunde sehr einfache Gedanke bestimmt bis heute wie kaum ein anderer die institutionellen Grundlagen des demokratischen Verfassungsstaates und deren theoretische Begründung. Bereits bei Montesquieu verbindet sich der Gesichtspunkt der historischen Erfahrung mit einem anthropologischen Argument. Diese Verbindung wird von heutigen Autoren nicht weniger klar gezogen. So meint Ernst-Wolfgang Böckenförde, die »Ausübung von Macht zwischen Menschen ist, wie Menschen beschaffen sind, immer der Gefahr ausgesetzt, bestehende Rechte nicht zu achten und Macht zu mißbrauchen. Da aber politische Gemeinwesen, in denen Menschen zusammenleben, nicht ohne Machtpositionen und Ausübung von Macht bestehen können und handlungsfähig sind, bedarf es der Vorkehrungen, die den Mißbrauch von Macht hintanhalten und die Durchsetzung anerkannter Rechte, der Menschenrechte zumal, sichern.«[70]

In der Regelung der Kompetenzen der verschiedenen politischen Institutionen manifestiert sich der Gedanke der wechselseitigen Beschränkung der Gewalten. Bei keinem soll sich Macht zusammenballen; jeder soll auf den anderen angewiesen sein; jeder soll bei dem anderen mitreden dürfen. In einem föderalen Staat besteht zudem eine vertikale Gewaltenteilung. Eine solche Struktur war jedoch nicht unbedingt in Montesquieus Sinne, denn er redete in seinen Ausführungen zur Gewaltenteilung nicht von einer »séparation des pouvoirs«, sondern von einer »distribution des pouvoirs«[71]. Es ging ihm also eigentlich nicht um eine »Aufteilung« der Macht. Eine solche Aufteilung kann sich unter Umständen im Blick auf die Erfordernisse der Regierbarkeit nachteilig auswirken. Wer das Erfordernis der Entscheidungsfähigkeit betont, tritt jedoch, anders als Karl Dietrich Bracher glaubt, keineswegs für »diktatorische Lösungen«[72] ein. Schließlich ist die Entscheidungsfähigkeit die *conditio sine qua non* der Demokratie. Der demokratische Willensbildungsprozess würde ins Leere laufen, wenn die getroffenen Entscheidungen nicht umgesetzt werden könnten.

Die meisten heutigen Verfassungsstaaten beantworten die Fragen der Machtkontrolle relativ ähnlich, d.h. mit einem System von *rules and procedures*. Ihre Institutionen sind insgesamt auf Machtbalancen ausgerichtet, wobei die USA und die Bundesrepublik die beiden unterschiedlichen Modelle jeweils fast idealtypisch verkörpern. Die Macht selbst aber verschwindet selbstverständlich nicht. Sie ist nach wie vor präsent, nur ist sie auf mehrere Positionen verteilt und unterliegt verfassungsrechtlichen Regulierungen.

Dass man so große Energien darauf verwendet, Macht zu domestizieren und zu kontrollieren, hat mit geschichtlichen Erfahrungen zu tun. Mit einer ungebundenen Macht hat man keine sonderlich guten Erfahrungen gemacht. Die Geschichte bestätigt immer wieder den Satz von John Acton: »*Power tends to corrupt and absolute power tends to corrupt absolutely*.«[73] Der moderne Verfassungsstaat kann, zum Bedauern radikaldemokratischer Bewegungen, zwar gesellschaftliche Macht nicht zum Verschwinden bringen, wohl aber vermag er sie zu domestizieren, ihre gewaltsame Durchsetzung zu unterbinden und nicht zuletzt seine eigene Macht zu begrenzen. Darin liegt seine spezifische Ordnungsleistung, die zugleich ein evolutionär höchst unwahrscheinliches Modell politischer Herrschaft repräsentiert und eine gewisse Überlegenheit gegenüber anderen Ordnungsmodellen begründet.

Die alte Frage, ob Macht etwas Gutes oder Böses sei, lässt sich nicht pauschal beantworten, weil Macht sehr verschiedene Gesichter hat. Dies zeigt ein Blick in die Geschichte: Macht kann grausam und unterdrückend sein, sie kann aber auch von grausamer Unterdrückung befreien. Die amerikanischen Truppen, die Hitlerdeutschland niederkämpften, wird man kaum als »böse« bezeichnen. Es wäre also verfehlt, die Macht generell auf die Seite des Guten oder Schlechten zu stellen. Sie ist normativ indifferent. Die überkommenen Topoi von der »Dämonie der Macht« oder vom »Abgrund der Macht«[74] bezogen sich zumeist auf die unmittelbare Erfahrung totaler Macht. Es wäre unhaltbar, daraus generelle Schlüsse auf das Wesen der Macht zu ziehen. Sie ist eine »zwar normschaffende, selbst aber normlose Größe«; sozusagen »ethisch amorph«[75]. Carl Schmitt betont: »Die Macht ist an sich weder gut noch böse; sie ist an sich neutral; sie ist das, was der Mensch aus ihr macht.«[76] Wer mächtig ist, ist deshalb also nicht automatisch ein schlechter Mensch.

2.3 Funktionale Deutungen

Neben denjenigen, die vor der dunklen Seite der Macht warnen, stehen seit jeher jene, die das Loblied der Macht singen. Damit ist nicht das klassische Herrscherlob gemeint, das den Potentaten seit der Zeit der römischen Kaiser dargebracht wird, sondern eine auffällige Tendenz der Machtverehrung, die sich auch in der neueren Literatur manchmal bis hin zur verqueren Machtaffektation steigert. In Geschichte und Gegenwart ist zu beobachten, wie bereitwillig einem Machthaber eine unterwürfige Verehrung entgegengebracht wird, selbst wenn es sich um einen Despoten handelt. Die Frage ist: Warum ist die Macht für viele so attraktiv?

Eine schlichte und einfache Antwort gab vor über zweihundert Jahren der materialistische Aufklärungsphilosoph Claude Adrien Helvétius (1715–1771). Er meinte in seiner Montesquieu-Interpretation, es handele sich hier schlicht um die »Liebe zur Macht« (*»l'amour du pouvoir«*), und hatte für diese auch eine materialistische Erklärung: Man orientiere sich an der Macht, weil man mit ihr viel erreiche; auch die ehrfürchtige Bewunderung, die den Mächtigen so oft entgegengebracht wird, führt er auf jene eigentümliche »Liebe zur Macht« zurück.[77] Natürlich wird man nicht einem Beliebigen folgen, sondern nur einer Person, der man auch eine gewisse Überlegenheit zuschreibt. Helvétius' Position ist eine Mischung aus anthropologischen und funktionalistischen

Gesichtspunkten: Die Macht gehöre nicht nur zum Wesen des Menschen, sondern zahle sich auch aus, weil man mit ihr einfach weiterkomme.

Sofern man nicht mit der Existenz eines Machttriebs argumentieren möchte, der in der menschlichen Natur angelegt ist, könnte man sich mit der Theorie behelfen, das Machtstreben diene der Befriedigung anderer, primärer Triebe. Eben diese Annahme finden wir bei Sigmund Freud. In der soziologischen Anthropologie finden wir sie bei Arnold Gehlen, der den instrumentellen Charakter der Macht betont: »Interessen und Bedürfnisse machen gehorsam, auch gegenüber der ›Macht der Verhältnisse‹; Macht hat, wer sie erfüllen oder wirksam bedrohen kann.«[78] Wie man bei Gehlen sieht, ist es gar nicht erforderlich, sich für oder gegen die Annahme eines Machttriebs zu entscheiden. Man kann sich mit der theoretischen Feststellung begnügen, die Macht diene eben der Befriedigung anderer Triebe. Damit würde man zu einem funktionalistischen Argument greifen.

In methodischer Hinsicht geraten damit stets die Machtunterworfenen in das Blickfeld. Aus dieser Perspektive fragt man nicht mehr danach, aus welchen Gründen ein Mächtiger nach Macht strebt, ob aufgrund eines Machttriebs oder eines funktionalen Kalküls, sondern im Vordergrund steht die Frage, warum sich die Machtunterworfenen in so großer Zahl den wenigen Mächtigen unterordnen. Von einem herrschaftssoziologischen Standpunkt aus würde die Antwort lauten: Es gibt ein Interesse am Gehorchen. Dieses Interesse verdankt sich dem Gewinn, den das Machtverhältnis bietet.

In diesem Sinne argumentiert bereits Georg Simmel (1858–1918), einer der Begründer der deutschen Soziologie, in seiner Abhandlung über »Über- und Unterordnung«. Simmel, der mit seinen ästhetisch-philosophischen Studien über aparte Themen wie das Geheimnis, die Mode, die Koketterie oder das Abenteuer zu den originellsten Soziologen gehört, deutet das Machtverhältnis als funktionale Beziehung: »Der Mensch hat ein inneres Doppelverhältnis zum Prinzip der Unterordnung: er will [...] einerseits beherrscht sein, die Mehrzahl der Menschen *kann* nicht nur ohne Führung nicht existieren, sondern [...] sie suchen die höhere Gewalt, die ihnen die Selbstverantwortlichkeit abnimmt, und eine einschränkende, regulierende Strenge.« (S, S. 171) Mit dieser Deutung entledigt Simmel sich des Problems, sich mit der Frage des Machttriebs beschäftigen zu müssen; er lenkt den Blick stattdessen auf den Entlastungsaspekt, einen Aspekt, auf den sich Arnold Gehlen später ganz konzentrieren wird.

Simmel beobachtet allerdings noch eine weitere Seite, denn in seiner Deutung benötigen die Menschen genauso die »Opposition« gegen die Macht. Seine Erklärung dieses »Doppelverhältnisses« ist eine psychologische: Gehorsam und Opposition seien »nur die beiden, nach verschiedenen Richtungen orientierten und als selbständige Triebe erscheinenden Seiten oder Glieder eines in sich ganz einheitlichen Verhaltens des Menschen« (S, S. 171). Sein entscheidender Punkt ist, dass Über- und Unterordnung für beide Seiten gewinnbringend sind. Der Untergeordnete profitiert, weil sein Bedürfnis nach Entlastung befriedigt wird; der Übergeordnete profitiert, weil sein Machtbedürfnis gestillt wird. Simmel wurde nicht müde, solche Wechselwirkungen in Prozessen der Über- und Unterordnung zu schildern. »Alle Führer werden auch geführt«, lautet seine These, die er anhand eines Beispiels aus der Politik illustriert (S, S. 164).

In vielen Machtdeutungen spielt der funktionale Gesichtspunkt, dass Macht eine *entlastende* Wirkung habe, eine wichtige Rolle. Dieser Entlastungsgedanke lautet: Es wäre äußerst umständlich und aufreibend, in jeder sozialen Beziehung und in jeder sozialen Situation immer wieder neu auszuhandeln, wer wem was zu sagen hat. Ein geregeltes Machtverhältnis vereinfacht und erleichtert ungemein das Zusammenhandeln für alle Beteiligten. Jeder weiß, woran er ist; man erspart sich unnötigen Ärger und womöglich gar Blutvergießen. Dieses Entlastungsargument verbindet sich vor allem mit Arnold Gehlen. Für ihn ist es eine »anthropologische Tatsache«, dass man sich Entlastung verschaffen will, da ein ständiger Entscheidungszwang viel zu anstrengend wäre. Gehlen geht davon aus, dass das »Entlastungsbedürfnis« die Menschen dazu führe, sich in Form von Arbeitsteilung gegenseitig zu entlasten. »Dadurch werden sie in ihren Bedürfnissen in verschiedenen Hinsichten voneinander abhängig, was unvermittelt in Machtbeziehungen umschlagen kann, da die Bedürfnisse verschiedene Dringlichkeit haben.«[79] Auch Niklas Luhmann meint, wenn es überhaupt eine »Einzelursache der Macht« gebe, dann liege sie in dem Bedürfnis nach »Entlastung«.[80]

Geht man von dieser funktionalistischen Deutung aus, dann würden Machtverhältnisse einem menschlichen Bedürfnis entgegenkommen: dem Bedürfnis nach Sicherheit und Verbindlichkeit. Insofern ist diese Theorie der Macht eng mit der Institutionentheorie verwandt. Institutionen wie auch Machtverhältnisse steuern menschliches Verhalten und sorgen auf diese Weise für Entlastung von Entscheidungszwängen. Sie reduzieren Komplexität. Die funktionale Deutung ist letztlich eine anthropologische. Der funktionale Charakter der Macht besteht im Wesentlichen darin, Entscheidungsprozesse zu beschleunigen und Entscheidungen zu erleichtern. Darin liegt auch einer der Gründe dafür, warum Macht vielfach so attraktiv erscheint.

Da immer mindestens zwei Menschen zu einem Machtverhältnis gehören – zwei Menschen in unterschiedlichen Positionen –, könnte man zuspitzend sagen: Der Machttrieb der einen entspricht dem Sicherheitstrieb der anderen. Man weiß, woran man ist und worauf man sich verlassen kann. Zwischen Macht und Sicherheit besteht also ein symbiotisches Verhältnis. Macht bietet, wie im Popitz-Kapitel zu erläutern sein wird, »Ordnungssicherheit«. Die weitaus meisten Theorien der Macht konstatieren einen Zusammenhang von Macht und menschlicher Natur. Wenn dies aber zutreffend ist, dann sind alle Hoffnungen auf eine machtfreie Gesellschaft utopisch und illusionär.

3. Max Weber: Macht und Herrschaft

Es gibt kaum eine Studie zum Thema Macht, die an Max Webers Machtbegriff vorbeigehen würde.[81] Seit Jahrzehnten dominiert er das Feld nahezu unangefochten. Wer sich mit dem Thema Macht beschäftigt, muss sich scheinbar zwangsläufig mit Max Weber (1864–1920) auseinandersetzen, ganz unabhängig von der Frage, ob man ihm zustimmt oder ihn ablehnt. Schon vor einem halben Jahrhundert stellte der Politologe Kurt Sontheimer in kritischer Absicht fest, man bediene sich üblicherweise »der Terminologie und Begriffsbestimmungen Max Webers, wenn in Soziologie oder politischer Wissenschaft von Macht die Rede ist«[82]. Daran hat sich bis heute nichts geändert. Nach wie vor kann man nicht über das Thema sprechen, ohne sich an Webers Definition abzuarbeiten: Sie ist die in der internationalen Literatur meistzitierte Machtdefinition.

Weber gehört generell zu den wichtigsten Denkern der Moderne und ist der bedeutendste Klassiker der Sozialwissenschaften. Berühmt wurde er vor allem durch seine Herrschafts-, Rechts- und Religionssoziologie, nicht zuletzt seine Studie *Die Protestantische Ethik und der Geist des Kapitalismus*. Man begegnet ihm in sehr unterschiedlichen Zusammenhängen, in der Wissenschaftstheorie und in der Verfassungslehre, in der Religionssoziologie, in der Kulturwissenschaft, in der Musiksoziologie und in der Verwaltungswissenschaft. Da er in den verschiedensten Disziplinen zu Hause war, reklamieren ihn viele für sich: die Soziologie, die Ökonomie, die Geschichtswissenschaft, Jurisprudenz und Politologie. Der Politikwissenschaftler Wilhelm Hennis sagt mit Recht: »Die Zahl der Wissenschaften, die sich um das Erstgeburtsrecht an Max Weber streiten, entspricht in etwa der Zahl der Städte, die beanspruchen, die Vaterstadt Homers zu sein.«[83] Webers Werk ist ein unerschöpfliches Reservoir, aus dem sich die verschiedensten Disziplinen bis heute bedienen. In den Sozialwissenschaften hat er mit seinen Positionen zu Staat und Legitimität, Macht und Herrschaft, Bürokratie und Demokratie, Politik und Parteien die Diskussionen bis heute geprägt.

Lange Zeit glaubte man, Webers eigentliches Thema sei der »okzidentale Rationalisierungsprozess«, die Rationalisierung aller Lebensbereiche. Das ist sicher nicht falsch, denn in vielen Zusammenhängen kommt Weber auf dieses Thema zu sprechen: die Rationalisierung des Staates, die Rationalisierung der Verwaltung, die Rationalisierung der Religionen, die Rationalisierung der Musik, die Rationalisierung der privaten Lebensführung – und selbst die Rationalisierung der intimen Beziehungen. Weber bemüht sich zu zeigen, dass das Handeln auf sehr verschiedene Weise »rational« sein kann; es kann insbesondere »zweckrational« oder »wertrational« sein (WuG, S. 12). Seine soziologischen Arbeiten wurden rasch grundlegend für das Verständnis der Moderne. Nach welchen Prinzipien funktioniert unser Rechtssystem? Warum ist den meisten Menschen ihr Beruf so wichtig, dass sie ihr ganzes Leben daran ausrichten? Warum hört sich unsere Musik so an, wie sie sich anhört? Wieso bemühen wir uns darum, vernünftig zu handeln, und handeln trotzdem oft irrational?

Da Weber entscheidende Grundlagen für eine Theorie der Rationalisierung der modernen Welt gelegt hat, stand dieser Aspekt lange Zeit im Vordergrund der Interpretation. Seit einigen Jahren aber richtet sich der Blick verstärkt auf die anthropologische Fragestellung seines Werks: die Frage nach der menschlichen Natur und ihrem Spannungsverhältnis zu den gesellschaftlichen Ordnungen und Mächten. Vor allem Wilhelm Hennis hat das Thema der »Persönlichkeit und Lebensordnungen« in den Mittelpunkt der Weber-Interpretation gestellt.[84] Allerdings stehen sich verschiedene Interpretationen rivalisierend gegenüber. Die damit verbundenen Kämpfe um die Durchsetzung der ›richtigen‹ Interpretation hatten über lange Zeit den Charakter von Machtkämpfen. Der amerikanische Politologe Lawrence Scaff sagt daher mit Recht: »Wer über die Weber-Interpretation bestimmt, der nimmt auch Einfluss auf den Kurs der Sozialwissenschaften.«[85] Frei nach Francis Bacon kann man sagen: ›Weber ist Macht.‹

3.1 Macht als soziale Beziehung

Die Dominanz von Max Webers Machtbegriff ist insofern bemerkenswert, als die Sozialwissenschaften pluralistisch strukturiert sind und zu jedem Problem eine Fülle von Theorien zur Verfügung steht. Paul Feyerabends Formel *»anything goes«*[86] bringt dies sehr gut zum Ausdruck. Aber obwohl es Dutzende von sozialwissenschaftlichen Machtbegriffen gibt, kommt man an Webers Definition anscheinend nicht vorbei. Sie lautet in den *Soziologischen Grundbegriffen*: »Macht bedeutet jede Chance, innerhalb einer sozialen Beziehung den eigenen Willen auch gegen Widerstreben durchzusetzen, gleichviel worauf diese Chance beruht.« (WuG, S. 28) Sieht man sich diese Definition etwas genauer an und überprüft sie auf ihre einzelnen Elemente, dann stechen vier Kriterien hervor: erstens die Kategorie der »Chance«, die auf die Potentialität der Macht verweist; zweitens die »soziale Beziehung«, die den personalen Charakter der Machtbeziehung betont; drittens der »eigene Wille«, der das voluntaristische Element der Macht unterstreicht, und viertens ein potentielles »Widerstreben«.

Wichtig ist, dass es sich bei diesem letzten Kriterium tatsächlich nur um ein potentielles Element handelt, denn das Widerstreben gehört nicht zwangsläufig zu jedem Machtverhältnis. Das Kriterium ist allerdings umso bedeutsamer, da das Machtverhältnis auch ohne Zustimmung zustande kommen kann. Der Unterworfene kann opponieren, er kann den Machtausübenden hassen oder gegen ihn rebellieren – all das ändert nichts an der Machtbeziehung. Sie kommt erst dann zum Erliegen, wenn die »Chance« auf die Durchsetzung des eigenen Willens nicht mehr gegeben ist.

Darin liegt der entscheidende Unterschied zu dem, was Weber als »Herrschaft« bezeichnet. Herrschaft ist für ihn »die Chance, für einen Befehl bestimmten Inhalts bei angebbaren Personen Gehorsam zu finden« (WuG, S. 28). Mit dieser Befehl/Gehorsamsstruktur ist Herrschaft eine institutionalisierte und verfestigte Form von Macht, ein Aspekt, auf den ausführlicher zurückzukommen sein wird. Zudem ist jede Herrschaft auf Zustimmung der Beherrschten angewiesen. Sie bedarf, wenn sie von Dauer sein will, eines Legitimitätseinverständnisses.[87] Dies ist bei der Macht nicht zwingend. Zwar ist die Macht darum bemüht, möglichst viel Zustimmung zu erhalten, vielleicht ist sie sogar legitimierungssüchtig, wie Heinrich Popitz meint (PdM, S. 66), aber sie ist nicht zwingend auf Legitimität angewiesen. Sie kann auch ohne sie auskommen.

Bei Webers Definition handelt es sich um einen handlungsbezogenen Begriff. Macht ist für ihn also nicht etwas, das man »haben« oder »besitzen« kann. Sie entsteht aus dem Handeln und bleibt an Handeln gebunden. Darin sind ihm später einige prominente Theoretiker gefolgt. Besonders nachdrücklich betont

Hannah Arendt, Macht entstehe erst dann, wenn Menschen »zusammen handeln, und sie verschwindet, sobald sie sich wieder zerstreuen« (Va, S. 194). Auch Michel Foucault – obwohl methodisch sonst weit von Weber entfernt – postuliert, Macht existiere »nur als Handlung« (SM, S. 255). Weber trug maßgeblich dazu bei, dass sich die Sozialwissenschaften von der überkommenen Vorstellung emanzipierten, die Macht sei, wie es etwa bei Hobbes heißt, ein Besitz, ein »Gut«. Zugleich berührt Weber sich eng mit zeitgenössischen Konzepten, etwa dem Albert Schäffles, für den die Macht ein »streng soziologischer Begriff« ist; er definiert sie als die Fähigkeit, »soziale Widerstände tätig zu bewältigen«[88]. Auch wenn Schäffle sich in seinen weiteren Erläuterungen sehr blumig ausdrückt (und heute vergessen ist), hat Weber sich zweifellos an seiner Vorstellung orientiert, Macht als einen Akt sozialen Handelns zu begreifen.

In methodischer Hinsicht ist Webers Machtbegriff ein Teil seiner »verstehenden Soziologie«: einer »Wissenschaft, welche soziales Handeln deutend verstehen und dadurch in seinem Ablauf und seinen Wirkungen ursächlich erklären will« (WuG, S. 1). Diese Kausalitätsorientierung stellt Weber vor das grundlegende Problem, das Phänomen Macht soziologisch zu erfassen. Denn in seiner Definition bleibt ja offen, mit welchen Mitteln jemand seinen eigenen Willen durchsetzt: Mit charismatischer Autorität oder durch rationale Überzeugungskraft? Mit Schmeichelei oder mit Drohgebärden? Mit Bestechung oder durch Gewaltanwendung? Zahlreiche Möglichkeiten kommen hier in Betracht. Max Weber sagt: »Alle denkbaren Qualitäten eines Menschen und alle denkbaren Konstellationen können jemand in die Lage versetzen, seinen Willen in einer gegebenen Situation durchzusetzen.« In seiner Definition bleibt offen, worauf jene »Chance« der Durchsetzung beruht. Daher kommt Weber zu dem Schluss, der Begriff der Macht sei »soziologisch amorph« (WuG, S. 28 f.). Es ist lediglich klar, dass es sich um eine asymmetrische Beziehung handelt.

Der Machtbegriff blieb für Weber vielleicht auch deshalb amorph, weil er allein auf die konkrete Handlungssituation bezogen ist, die soziale Beziehung, die Durchsetzung eines Willens gegenüber einem anderen Willen. Da die Macht nur aus »Chancen« besteht, ist sie für ihn keine fixierbare Größe, sondern eine volatile Handlungsfolge. Wenn Weber betont, die Chance könne »eine sehr große oder eine verschwindend geringe sein« (WuG, S. 13), dann ist die Macht für ihn zudem ein graduelles Phänomen: Sie ist nicht entweder »da« oder »nicht da«, unterliegt also keinem binären Code, sondern sie bewegt sich auf einer Skala von schwachen bis hin zu starken Formen.

Ein Machtverhältnis aber bietet auch Einflusschancen, die weit über das jeweils aktuelle Handeln hinausreichen; es kann Raum und Zeit überschreiten. Der Mächtige ist auch dann mächtig, wenn er schläft. Zudem bietet Macht die Chance, bestimmte Entscheidungen und Handlungen zu *verhindern*, kann also auch durch *non-decisions* ausgeübt werden.[89] Ein Konstruktivist wie etwa Niklas Luhmann, für den Fragen der kausalen Zurechnung obsolet sind, hält ohnehin wenig von Webers Definition.[90] Ungeachtet solcher Kritik bleibt sie aber die bei weitem verbreitetste Machtdefinition. Oft begnügt man sich nicht damit, sie einfach zu zitieren, sondern variiert sie, ob genannt oder ungenannt, auf phantasievolle Weise. Der Historiker Gerhard Ritter begreift Macht als den »Besitz erhöhter Chancen, den eigenen Willen gegen alle Widerstände fremden Willens durchzusetzen«[91]. Für den französischen Soziologen Raymond Aron bedeutet Macht auf internationaler Ebene die »Fähigkeit einer politischen Einheit, den anderen Einheiten ihren Willen aufzuzwingen«[92]. Heinrich Popitz versteht die Macht als das Vermögen, »sich gegen fremde Kräfte durchzusetzen« (PdM, S. 22). Selbst Niklas Luhmann definiert die Macht chancenorientiert, wenn auch nur als die Chance, »die Wahrscheinlichkeit des Zustandekommens unwahrscheinlicher Selektionszusammenhänge zu steigern« (Mt, S. 12). Auch wenn hier denkbar unterschiedliche Perspektiven akzentuiert werden, bleibt der Einfluss Webers deutlich.

Ein wesentlicher Punkt des Weber'schen Machtbegriffs ist die Asymmetrie der Machtbeziehung. Es handelt sich nicht um eine Beziehung unter Gleichen. Der eine ist mächtiger als der andere. Um die Evidenz dessen zu überprüfen, genügt es sich zu fragen, ob es ein Machtverhältnis auch unter gleich Mächtigen geben kann. Für eine Antwort können wir noch einmal Thomas Hobbes bemühen, der in seiner Schrift *Vom Menschen* eine erhellende Auskunft gibt: »wenn alle anderen gleiche Macht besitzen, so bedeutet sie nichts«[93]. Das bedeutet: Macht ist für Hobbes wie für Weber stets etwas Relationales, sie setzt eine Asymmetrie, ein Ungleichgewicht notwendig voraus. Zudem ist sie immer situationsgebunden. Der Mächtige kann abends einschlafen mit dem Gefühl, seine Untergebenen im Griff zu haben; am nächsten Morgen muss er womöglich erkennen, dass ihm die Macht von gestern nichts mehr nutzt. Dies ist der Sinn von Webers Formulierung, Macht sei die Chance, »in einer sozialen Beziehung« seinen eigenen Willen durchzusetzen. Weber ist hier wörtlich zu nehmen, da diese Chance außerhalb jener sozialen Beziehung für ihn gar nicht besteht.

Dieser Umstand ist der Stoff, aus dem viele Hollywood-Filme gemacht sind. Die ehrgeizige Abteilungschefin eines Unternehmens wird plötzlich außer Gefecht gesetzt; ihre unscheinbare Assistentin, die der Zuschauer bereits als sehr *tough* kennengelernt hat, muss sie auf einmal vertreten. Nach anfänglichen kleinen Pannen zeigt sich: Sie macht den Job wesentlich besser als ihre Chefin – und kommt entsprechend groß heraus. Dies ist für viele ein großer Traum: die Vorstellung, einmal in eine solche Lage zu kommen, beherzt handeln zu dürfen, jenseits der normalen »sozialen Beziehung« des alltäglichen Berufslebens.

Wir können also festhalten: Macht ist für Weber eine asymmetrische soziale Beziehung; sie ist an eine konkrete soziale Beziehung gebunden, und sie ist nicht auf Zustimmung angewiesen.

Von normativen Aspekten ist bei Weber in diesem Kontext nicht die Rede. Diese findet man hingegen in anderen Werkkontexten, vor allem in den politischen Schriften. Weber war ein werturteilsfreudiger Denker, der oft zu politisch kontroversen Fragen Stellung nahm. Er vertrat weder einen Positivismus noch eine naive Theorie der Wertfreiheit, sondern wies, im Gegenteil, auf die Wert*gebundenheit* jeder Wissenschaft hin. Da jeder wissenschaftlichen Arbeit zwangsläufig persönliche Weltanschauungen zugrunde liegen, gibt es für ihn »*keine* schlechthin ›objektive‹ wissenschaftliche Analyse«, weshalb der Wissenschaftler die eigenen Wertmaßstäbe offenzulegen habe.[94] Da Webers Position aber oft missverstanden und gelegentlich in ihr genaues Gegenteil verdreht wurde, wurde er in den 1950er und 1960er Jahren zum Feindbild der normativ orientierten Freiburger Schule der Politikwissenschaft, die sich insbesondere scharf gegen sein Politikverständnis wandte. Man warf ihm vor, nicht nach »Zweck« und »Ziel« der Politik zu fragen, sondern sie rein formal zu definieren, ja einem »wertneutralen Agnostizismus« anzuhängen.[95]

In der Tat definierte Weber in seinem Vortrag *Politik als Beruf* (1919) die Politik als das »Streben nach Machtanteil oder nach Beeinflussung der Machtverteilung, sei es zwischen Staaten, sei es innerhalb eines Staates«[96]. Diese Definition brachte die herrschende Meinung der Zeit zum Ausdruck. Der Staatsrechtler Georg Jellinek, der auf Max Weber großen Einfluss ausübte, definierte in seiner *Allgemeinen Staatslehre* die Politik als das »Streben nach Machterwerb und Machtbehauptung«[97]. Geht man noch weitere Jahrzehnte zurück, dann stößt man auf den Historiker Johann Gustav Droysen, der im Jahr 1851 die Politikwissenschaft als eine »Wissenschaft von den äußern und innern Machtverhältnissen, Machtbedingungen« sah.[98] Noch dezidierter verwies der Journalist Ludwig August von Rochau in seinem Werk *Grundsätze der Realpolitik* (1853) alle institutionellen Fragen in den »Bereich der philosophischen Spekulation«, da die »praktische Politik« sich nur dafür interessiere, wer die »Macht besitzt«. Dies war für den Realisten die »Grundwahrheit aller Politik«[99].

Auch für Weber ist die Politik ein Terrain der Macht. Die Liste derjenigen, die ihm darin zustimmen, ist lang und reicht bis in die Gegenwart. Über viele Jahrzehnte galt Webers Position als die klassische Auffassung zum Wesen des Politischen. Viele Autoren verstanden die Politik mit Weber als Machtstreben und sahen die Macht entsprechend als den zentralen Gegenstand der Politikwissenschaft. Diese Ansicht findet sich bei so unterschiedlichen Autoren wie Harold D. Lasswell und Abraham Kaplan, Hans J. Morgenthau, Karl Loewenstein, Paul Ricœur, Ossip K. Flechtheim und Gottfried-Karl Kindermann.[100]

In der Nachkriegszeit stellten vor allem die europäischen Vertreter der Realistischen Schule das Kriterium der Macht ganz in das Zentrum der Politik. Sie knüpften nicht nur an Max Weber an, sondern auch an den amerikanischen Autor Reinhold Niebuhr[101] und an Hans J. Morgenthau, der 1937 in die USA emigriert war und dort als Politikwissenschaftler eine große Wirkung entfaltete. Für Morgenthau war die Macht der Fundamentalbegriff der Wissenschaft schlechthin. Er sah den Machttrieb als konstitutives Element der Politik, wobei er drei Aspekte in den Vordergrund rückte: die Allgegenwart der Macht, die Gefahr ihres Missbrauchs und ihren expansionistischen Charakter.[102] Es ist nur konsequent, wenn Morgenthau als zentrale Aufgabe der Politikwissenschaft die Untersuchung von Entstehung, Wandlung, Zerfall und Formen der Macht sah. Und nicht weniger konsequent ist es, wenn er sich dabei Max Webers Machtbegriff zu eigen machte. Wie bereits Weber hielt auch Morgenthau den Machtbegriff allerdings für amorph, da er alle Spielarten der Kontrolle von Menschen über Menschen umfasse, von subtiler Überzeugung bis hin zu brutaler Gewalt.[103]

In der Politikwissenschaft dominierte über Jahrzehnte hinweg die Auffassung, politische Phänomene seien in erster Linie Machtphänomene, politisches Handeln orientiere sich primär an Machtgesichtspunkten, und die Politik überhaupt bestehe im Wesentlichen aus dem Streben nach Machtgewinn. Die Konsequenzen, die sich aus dieser Erkenntnis für die Politikwissenschaft ergeben würden, liegen auf der Hand: Sie wäre dann eine Machtwissenschaft; der Begriff der Macht würde entsprechend in ihr Zentrum rücken. Damit wollten sich viele aber nicht abfinden. In den 1960er Jahren protestierten Fachvertreter wie Kurt Sontheimer daher gegen die herrschende Meinung, dass die Macht das »Spezifikum des Politischen« sei und dass die Politikwissenschaft sich hauptsächlich »mit den Fragen des Erwerbs, der Verteilung, des Gebrauchs und der Kontrolle von Macht« befasse.[104]

Der junge Sontheimer lag mit seiner Einschätzung der herrschenden Meinung völlig richtig. Jeder Blick in die maßgeblichen Lehrbücher in Amerika wie auch Europa zeigt, wie treffend seine Diagnose war.[105] Ihm behagte der Gedanke einer rein auf die Macht fixierten Politikwissenschaft gar nicht. Auch die anderen Mitglieder der Freiburger Schule, zu der er gehörte, wandten sich gegen die von Weber inspirierte herrschende Meinung.[106] Der mit dieser Schule nur lose verbundene Politikwissenschaftler Wilhelm Hennis ärgerte sich über die Politikdefinition Webers und warnte angesichts der Identifikation von Macht und Politik vor einer »Entleerung« des Fachs, der »Einhalt geboten werden« müsse.[107] Diese Kritik war nicht unberechtigt, denn sie monierte eine einseitige Machtfixierung, die zu einer verengten Perspektive führen würde. Man kann den komplexen Phänomenen des Politischen nicht gerecht werden, wenn man sie nur durch die Brille der Macht betrachtet. Hennis' scharfe Kritik war auch dem Selbstverständnis der Politikwissenschaft der Nachkriegszeit geschuldet. Viele Fachvertreter sahen ihre Aufgabe darin, an der Erziehung der Deutschen zur Demokratie mitzuwirken. Sie verstanden ihre Disziplin als Demokratiewissenschaft. Dass Weber hier zur Zielscheibe wurde, war jedoch nicht gerecht, schließlich war er ein engagierter Vertreter der Demokratie und kein Anhänger des Agnostizismus. Hennis wurde später selbst zu einem der wichtigsten Weber-Interpreten und bekannte, Weber damals einfach nicht genau genug gelesen zu haben.[108]

Betrachtet man die Themen, mit denen sich Politologen damals wie heute beschäftigen, dann erkennt man eine kontinuierliche Beschäftigung mit Machtfragen. Natürlich würde heute niemand die Politik auf bloßes Machtstreben reduzieren, da Politik ein komplexer Prozess ist, den man kaum auf diesen Nenner bringen kann. Es kann aber kein Zweifel daran bestehen, dass Politik sehr viel mit Macht zu tun hat und in besonderer Weise auf diese Ressource angewiesen ist. Dies tritt auch in der umfangreichen Literatur zu Machtfragen von Theorien und Institutionen, politischen Systemen und internationalen Beziehungen hervor.

3.2 Macht und Herrschaft

Max Weber zog aus seinem Befund des »soziologisch amorphen« Machtbegriffs die Konsequenz, sich nicht auf die Kategorie der Macht, sondern vielmehr auf die der Herrschaft zu kaprizieren. Sie rückt ganz in den Mittelpunkt seines Interesses und wird zu einer Soziologie der Herrschaft ausgebaut. Seine Feststellung lautet: »Der soziologische Begriff der ›Herrschaft‹ muß [...] ein präziserer sein.«[109] Aber welche Konsequenzen folgen aus dieser Erkenntnis?

Auf den ersten Blick finden wir hier zunächst eine ganz ähnliche Definition wie beim Machtbegriff: Herrschaft ist für Weber »die Chance, für einen Befehl bestimmten Inhalts bei angebbaren Personen Gehorsam zu finden« (WuG, S. 28). Das charakteristische Element dieses Begriffs ist das Befehl/Gehorsamsverhältnis. Im Unterschied zur Macht besteht Herrschaft nicht in der Durchsetzung des eigenen Willens innerhalb einer sozialen Beziehung. Die Befehl/Gehorsamsstruktur reicht weit über die soziale Beziehung hinaus, ja sie kann eine ganze politische Gemeinschaft umfassen. Während die Machtausübung an eine personale Struktur gebunden ist, bezeichnet Herrschaft ein transpersonales Verhältnis. Zudem ist sie für Weber eine gesteigerte Form von Macht. Während die Macht »nur« auf der Chance der Durchsetzung des eigenen Willens beruht, was eventuell langwierig und kompliziert sein kann, hat das Herrschaftsverhältnis *im Grunde* eine einfache Struktur: Bei Befehl und Gehorsam gibt es keine Grauzonen.

Weber selbst bezeichnet die Herrschaft als einen »Sonderfall von Macht« (WuG, S. 541). Um dieses Verhältnis zu illustrieren, wählt er ein Beispiel aus der Finanzwelt. Eine große Kreditbank übt aufgrund ihrer Monopolstellung auf dem Kapitalmarkt große Macht aus, schon allein weil sie die Bedingungen der Kreditgewährung diktieren kann. Wesentlich komfortabler liegen die Dinge für die geldgebende Kreditbank, wenn sie die Aufnahme ihrer Direktoren in den Aufsichtsrat des kreditsuchenden Unternehmens durchsetzen kann. In diesem Fall nämlich kann die Bank durch den Aufsichtsrat dem Unternehmensvorstand Befehle erteilen (WuG, S. 542f.). Dieses Beispiel wie auch Webers Definitionen und Erläuterungen unterstreichen seinen Befund, dass Herrschaft eine besondere Form von Macht ist. Sie ist institutionalisierte, verfestigte Macht.

Mit dieser Verhältnisbestimmung hat Weber sich insoweit durchgesetzt, als sie in den Sozialwissenschaften breit rezipiert wurde und in den meisten Darstellungen, auch bei Popitz, schlicht übernommen wird.[110] Einschränkend wird man allerdings sagen müssen, dass in anderen Teilen der Literatur nicht immer präzise zwischen Macht und Herrschaft unterschieden wird. Nicht selten werden beide Begriffe schlicht verwechselt. Im alltäglichen Wortgebrauch werden sie ohnehin oft synonym gebraucht, selbst wenn Begriffe wie »Herrschaftspraxis«, »Herrschaftssysteme« oder »Herrschaftsformen« nicht ohne Weiteres durch Macht-Komposita ersetzbar sind. Nach Webers Begriffsverständnis aber sind beide Kategorien leicht zu unterscheiden, da Herrschaft im Unterschied zur Macht mit einem Befehl/Gehorsamsverhältnis verbunden ist.

Allerdings bedient sich Weber in den frühen Fassungen der Herrschaftssoziologie selbst eines legeren Wortgebrauchs. Dies zeigt sich, wenn er Herrschaft als ein »Phänomen alles Sozialen« bezeichnet (WuG, S. 539) und zu den elementaren Bedingungen der Verfestigung sozialer Beziehungen rechnet; wenn für ihn alle sozialen Gebilde und »alle Gebiete des Gemeinschaftshandelns« durch Herrschaft geprägt sind; wenn Herrschaft für ihn überhaupt »eines der wichtigsten Elemente des Gemeinschaftshandelns« ist, das »aus einem amorphen Gemeinschaftshandeln erst eine rationale Vergesellschaftung erstehen« lasse (WuG, S. 541). In allen diesen Fällen ist, geht man von Webers späterem Verständnis aus, eigentlich »Macht« gemeint. Es ist die Macht, die omnipräsent ist. Herrschaft dagegen ist auch nach seinem eigenen Verständnis gar nicht überall präsent. Schließlich gibt es Bereiche, die ganz ohne Befehl und Gehorsam funktionieren. Wenn Herrschaft tatsächlich omnipräsent wäre, wären alle sozialen Beziehungen durch eine Kommandostruktur geprägt. Die ganze Gesellschaft wäre ein Kasernenplatz. Das aber ist nicht Webers Sichtweise – und wäre zudem ein abwegiger Befund. *Macht*strukturen dagegen lassen sich zweifellos überall aufweisen.

Die Frage nach der Entstehung, den Formen und Wirkungen von Herrschaft ist eine Kernfrage in Webers Werk. Er hat sich zeitlebens mit ihr beschäftigt, am intensivsten in seiner Herrschaftssoziologie, die er im letzten Jahrzehnt seines Lebens in mehreren Anläufen entwickelt hat. Am Anfang seiner Beschäftigung stand zunächst die Frage der Funktionsweise der Herrschaft im Zentrum; später aber rückte immer mehr die Frage der Legitimität in den Vordergrund, also die Frage, wann, wie und *warum* eine Herrschaftsordnung überhaupt anerkannt und befolgt wird. Weber gibt sich also mit der Diagnose der Existenz von Befehl/Gehorsamsstrukturen nicht zufrieden. Er will herausfinden, warum gehorcht wird.

In der hermeneutischen Perspektive seiner Soziologie, die »soziales Handeln deutend verstehen und dadurch in seinem Ablauf und seinen Wirkungen ursächlich erklären will«, steht das *Warum* im Mittelpunkt. Für Weber kann Herrschaft »auf den verschiedensten Motiven der Fügsamkeit: von dumpfer Gewöhnung angefangen bis zu rein zweckrationalen Erwägungen, beruhen. Ein bestimmtes Minimum an Gehorchen*wollen*, also: *Interesse* [...] am Gehorchen, gehört zu jedem echten Herrschaftsverhältnis.« Damit ist die Seite der Beherrschten beschrieben. Aber auch das Interesse der Herrschenden ist naturgemäß darauf gerichtet, die eigene Position zu festigen. Weber sagt, jede Herrschaft versuche, »den Glauben an ihre ›Legitimität‹ zu erwecken und zu pflegen. Je nach der *Art* der beanspruchten Legitimität aber ist auch der Typus des Gehorchens [...] grundverschieden.« (WuG, S. 122) Damit gibt er der Frage der Gehorsamsmotive eine ganz neue Richtung.

In der Geschichte der Herrschaftstheorien markiert Weber einen Wendepunkt, denn er lenkt den bisher auf die Machthaber fixierten Blick nunmehr auf die Gehorsamsmotive der Beherrschten. Aus der Fülle der verschiedenen historisch auffindbaren Herrschaftsformen destilliert Weber drei Typen heraus, die zugleich drei Typen des Gehorchens repräsentieren. Sie unterscheiden sich nach der jeweils verschiedenen Art der Legitimitätsgeltung:

– die *rational-legale* Herrschaft, die auf dem Glauben an die Legalität der Ordnung beruht;
– die *traditionale* Herrschaft, die auf dem Glauben an die Geltung der Tradition der durch sie legitimierten Ordnung fußt; und
– die *charismatische* Herrschaft, die auf dem Glauben an die Heiligkeit oder Heldenkraft der Person eines charismatischen Führers beruht (WuG, S. 124).

Weber geht es nicht darum, die vielfältigen historisch-empirischen Formen der Herrschaft in ein Schema zu pressen; er versteht sie vielmehr als »Idealtypen«.[111] Seine Herrschaftstypologie ist ein Meilenstein in der Geschichte der Sozialwissenschaften, sie ist geradezu ein Musterbeispiel für die erfolgreiche Etablierung einer sozialwissenschaftlichen Methodik. Bis heute werden politische Herrschaftssysteme mithilfe dieser Typologie klassifiziert und analysiert. Naturgemäß hat es in den Sozialwissenschaften nicht an Versuchen gefehlt, sie zu kritisieren oder zu ergänzen. Einer der wichtigsten Versuche stammt von dem Hamburger Soziologen Stefan Breuer, der Webers Typologie um einen vierten Typus, den der demokratischen Herrschaft, ergänzt.[112] Hier handelt es sich um eine plausible und sinnvolle Ergänzung der Typologie, denn in der gegenwärtigen westlichen Welt gilt staatliche Herrschaft nur dann als legitim, wenn sie demokratisch verfasst ist.

Im Mittelpunkt der Rezeption der Herrschaftstypologie stand von Anfang an die charismatische Herrschaft. Sie ist für Weber ein Produkt außergewöhnlicher Situationen. Wenn traditionale Herrschaft in eine Krisenlage gerät, kann sie durch einen charismatischen Führer hinweggefegt werden. Wenn die neu etablierte charismatische Herrschaft später dann wieder in die »Bahnen des Alltags« zurückflutet, kann sie allerdings selbst in eine Krise geraten. Insofern bleibt die charismatische Herrschaft immer äußerst labil. Sie ist stets der Gefahr der Traditionalisierung oder der Legalisierung ausgesetzt und würde wieder auf einen der beiden anderen Typen zurückfallen.[113] An die Stelle des charismatischen Führers tritt dann wieder die traditionale Herrschaft oder die rational-legale Herrschaft. Aber auch diese ist für Weber nicht das »Ende der Geschichte«, denn sie ist immer wieder Krisen ausgesetzt, die in charismatische Revolutionen münden können. Der moderne Staat beruht zwar auf dem Glauben an die Legalität seiner Ordnung, aber das heißt nicht, dass diese Ordnung nicht durch einen charismatischen Führer beiseitegefegt werden kann. In der Geschichte des 20. Jahrhunderts ist diese Diagnose später vielfach bestätigt worden; sie ist voller Beispiele solcher charismatischer Revolutionen. Der deutlichste Fall ist sicherlich die nationalsozialistische Herrschaft, deren Durchsetzung vermehrt mithilfe von Webers Charisma-Konzept gedeutet wird.[114]

Um es zusammenzufassen: Max Weber verzichtet in seiner politischen Soziologie auf eine Analyse der Macht zugunsten einer Analyse von Herrschaft, ihrer unterschiedlichen Formen, Legitimitätsgrundlagen und Gehorsamstypen. Damit hat er eine Kernfrage des politischen Denkens – warum Menschen sich anderen Menschen unterordnen – zu beantworten versucht und zudem eine wichtige Grundlage für das heutige Herrschaftsverständnis gelegt.

3.3 Macht im modernen Staat

Für Max Weber wie für die meisten anderen Machttheoretiker spielt der Staat eine wichtige Rolle, da er eine singuläre Form der Konzentration und gleichzeitig Kontrolle von Macht repräsentiert. Er ist ein qualitativ neuartiger Herrschaftstypus, der ab dem 16. Jahrhundert die verschiedenen lokalen Instanzen einer zentralen Kontrolle unterwirft und die Gewaltausübung, die Verwaltung, die Rechtssetzung und die Rechtsprechung in seine eigene Regie nimmt. Während all diese Funktionen und Kompetenzen zuvor in verschiedenen Händen lagen, werden sie nunmehr monopolisiert, wie Max Weber deutlich macht. Der moderne Staat etabliert eine neue Macht-Ordnung, die bestimmte Formen der Machtausübung begünstigt, andere sanktioniert, wieder andere unterbindet. Zugleich ist er selbst ein Produkt von Machtbildungsprozessen.[115]

Der Prozess der Staatsbildung prägte die europäische Geschichte vom 16. bis zum 19. Jahrhundert und drückte der politischen Moderne stärker als jedes andere Moment seinen Stempel auf. Er ist durch eine umfassende Monopolisierung und Zentralisierung gekennzeichnet, die sich auf allen Ebenen vollzog, vor allem in der Verwaltung, in der Rechtssetzung, in der Rechtsprechung, in der Steuererhebung und auf dem Gebiet der Gewaltausübung. Mit der Entstehung des modernen Staates aber wurden die einzelnen lokalen Machthaber allmählich durch eine Zentralinstanz enteignet. Öffentliche Herrschaftsausübung gibt es schließlich nur noch insoweit, als sie vom Staat gesetzt oder zumindest konzessioniert ist. Folgt man Weber, dann ist die erfolgreiche Monopolisierung das entscheidende Kriterium, das den Staat überhaupt von allen anderen politischen Gemeinschaften unterscheidet.[116]

Herrschaft wird demnach nur noch in staatlicher Lizenz ausgeübt. Das gilt jedoch, *nota bene*, nur für die Herrschaft und nicht für die Macht: Diese bleibt notwendig in der Gesellschaft, bei den verschiedenen Individuen, Gruppen und Organisationen. Da die Macht ein ubiquitäres Phänomen und in allen menschlichen Beziehungen präsent ist, kann sie schlechterdings nicht monopolisiert oder verstaatlicht werden. Der Staat kann sie bestenfalls kontrollieren. Daher ist es irreführend, im Blick auf die europäische Geschichte von einer »Verstaatlichung der Macht«[117] zu sprechen. In solchen Formeln zeigt sich nur, wie sinnvoll es ist, mit Max Weber Macht und Herrschaft zu unterscheiden.

Der Staat ist zwar ein sehr abstraktes Gebilde, das schwer zu lokalisieren und entsprechend schwer zu definieren ist, aber er lässt sich zumindest in zwei Punkten beschreiben: zum einen in seiner Monopolisierung der physischen Gewalt, zum anderen in seiner spezifischen Organisationsform des Wissens. Diese Organisationsform nennt man seit ungefähr zwei Jahrhunderten »Verwaltung« oder »Bürokratie«. Diese neue Art der Machtausübung markierte soziologisch gesehen einen großen Wandel. Zur Durchsetzung von Anordnungen musste nicht mehr ad hoc Gewalt angewendet werden, sondern es genügte ein Stab von Beamten. Für Max Weber liegt sogar die wirkliche Macht im modernen Staat »notwendig und unvermeidlich in den Händen des Beamtentums«, in den Händen der Bürokratie (PR, S. 320). Denn die Bürokratie ist für ihn keineswegs nur ein Instrument der Machtausübung, sondern sie ist vielmehr selbst ein Machtträger. Ihre Machtstellung beruhe auf Wissen: einerseits auf dem technischen Fachwissen, das die Beamten in ihrer Fachschulung erworben haben, und andererseits dem Dienstwissen, das sie innerhalb des

Apparats erworben haben und über das sonst kein anderer verfügt (PR, S. 352). Er definiert die Bürokratie daher als »Herrschaft kraft Wissen« (WuG, S. 129).

Weber verweist damit auf den engen Zusammenhang von Wissen und Macht, der in der Geschichte der Geistes- und Sozialwissenschaften eine wichtige Rolle spielt. Wissen ist eine Ressource der Macht, und umgekehrt ist jede Macht darum bemüht, das Wissen zu beeinflussen. »Wissen ist Macht« lautet die Formel, die dem britischen Politiker, Kronjuristen und Lordkanzler Francis Bacon (1561–1626) zugeschrieben wird. Sie wurde zu einem geflügelten Wort. Tatsächlich lautet das Zitat etwas anders. Bacon sagt: »the roads to human power and to human knowledge lie close together, and are nearly the same«; und an einer anderen Stelle: »Human knowledge and human power meet in one«.[118] Bei Francis Bacon steht also, wie bei Max Weber, zwischen Wissen und Macht eigentlich kein Gleichheitszeichen. Unsere alltägliche Erfahrung sagt zwar, dass nicht jede Form von Wissen zu einem Machtgewinn führt; aber jede Form von Machterwerb und Machtbehauptung ist auf ein bestimmtes Wissen angewiesen. Ein Mächtiger, der nicht über spezifisches Wissen verfügt, würde über kurz oder lang seine Machtstellung verlieren. Man kann nur regieren, wenn man etwas über die Regierten weiß. Daher ist das Regierungshandeln stets darum bemüht, Wissen zu sammeln und das Wissen in einer Form aufzubereiten, die das Regieren erleichtert bzw. überhaupt ermöglicht. Auch jede Form dauerhafter Machtausübung ist auf das Sammeln und Auswerten von Wissen angewiesen.

Für die Machtstellung der Bürokratie ist bei Weber noch ein zweiter Punkt wichtig, denn ihre Macht beruht auf den Strukturprinzipen der Bürokratie: nämlich Berechenbarkeit, Effektivität, Arbeitsteilung, Hierarchie. Der entscheidende Punkt für Weber ist, dass man einen »einmal bestehenden bürokratischen

Herrschaftsapparat weder entbehren noch ersetzen« kann: »Wo die Bürokratisierung der Verwaltung einmal restlos durchgeführt ist, da ist eine praktisch so gut wie unzerbrechliche Form der Herrschaftsbeziehungen geschaffen.« (WuG, S. 570) Weber hält den Gedanken einer Abschaffung der Bürokratie daher für völlig utopisch. Nicht einmal eine Revolution könnte daran irgendetwas ändern, denn unter einem neuen Machthaber funktioniere der alte Verwaltungsstab reibungslos weiter (WuG, S. 155). Das gelte selbst bei einer Okkupation durch eine fremde Macht. Weber sagt: »Ein rational geordnetes Beamtensystem funktioniert, wenn der Feind das Gebiet besetzt, in dessen Hand unter Wechsel lediglich der obersten Spitzen tadellos weiter.« (WuG, S. 570)

Diese Diagnose ist von der Geschichte oft genug bestätigt worden. Wie glatt das Weiterfunktionieren der Verwaltung läuft, zeigte nicht nur die reibungslose Gleichschaltung von 1933, sondern dass auch nach 1945 der Beamtenapparat unter den Besatzungsmächten – nach Auswechselung nur der obersten Verwaltungsspitzen – weiterfunktionierte, als wäre nichts geschehen.

Webers Frage war: Wie kann man die Macht der Bürokratie in Schranken halten und wirksam kontrollieren? In dieser Hinsicht hatte er zunächst das Parlament im Blick, da es durch das Enqueterecht eine »fortlaufende Kontrolle« der Bürokratie ermögliche (PR, S. 354). Allerdings ist das Parlament für Weber letztlich nur eine stumpfe Waffe im Kampf gegen die Bürokratie, da »das wichtigste *Machtmittel* des Beamtentums die Verwandlung des Dienstwissens in ein *Geheimwissen*« ist – ein erstklassiges Mittel, um »die Verwaltung *gegen Kontrolle zu sichern*« (PR, S. 353). Diese Macht hat auch damit zu tun, dass die Bürokratie selbst »die Keimzelle des modernen okzidentalen Staates« ist (WuG, S. 128). Da die Staatsbildung und die Bürokratisierung Hand in Hand gingen, ist die Geschichte des modernen Staates identisch mit der Geschichte der Bürokratie. Der Staat ist immer mehr auf eine bürokratische Struktur angewiesen, da er sich mit wachsenden Aufgaben konfrontiert sieht, die er teils zugeschoben bekommt, teils aber auch selber an sich zieht (WuG, S. 560).

Max Weber fürchtete sich vor einer restlos bürokratisierten Welt, die vor seinen Augen nahezu totalitäre Züge annahm, als »Gehäuse jener Hörigkeit der Zukunft« (PR, S. 332). »Wo die Bürokratisierung der Verwaltung einmal restlos durchgeführt ist, da ist eine praktisch so gut wie unzerbrechliche Form der Herrschaftsbeziehungen geschaffen.« (WuG, S. 570) Diese Furcht vor der totalen Erstarrung politischer Herrschaft in einem solchen Gehäuse der Hörigkeit wurde in den Bürokratien des real-existierenden Sozialismus zur bedrohlichen Wirklichkeit. In den demokratischen Verfassungsstaaten hingegen erwies sie sich als übertrieben. Mit der fortschreitenden Informationstechnologie wuchs zwar die Furcht vor einer perfektionierten Kontrolle der Individuen durch einen Präventionsstaat, der theoretisch alles über seine Bürger in Erfahrung bringen kann, aber ob der demokratische Verfassungsstaat dies auch tatsächlich praktiziert, steht auf einem anderen Blatt.[119]

An der Macht der Verwaltung hat sich seit der Zeit Max Webers kaum etwas geändert. Im heutigen Staat ist sie strukturell bedingt. Erstens ist die Verwaltung am Zustandekommen politischer Entscheidungen maßgeblich beteiligt. Nicht nur die Gesetzesvorlagen kommen mehrheitlich aus der Ministerialbürokratie; auch die Regierungsentscheidungen beruhen auf der Vorbereitung etwa durch die Verwaltung. Zweitens liegt bei der Verwaltung anschließend auch der Vollzug der Gesetze und politischen Entscheidungen. Das heißt: Was die Verwaltung für die Politik ausgearbeitet hat, wird anschließend wieder von der Verwaltung überwacht. Ihre Macht wächst in dem Maße, wie Politik langfristig geplant wird, denn »im Planungsprozess setzt sich in der Regel durch, wer das Geschäft kontinuierlich betreibt«[120]. Die Ministerin kann schon morgen nicht mehr Ministerin sein; der Verwaltungsmann aber ist in der Regel noch zehn Jahre später auf seinem Posten. Regierungen kommen und gehen, aber der Verwaltung kann man kaum entrinnen. Der Verwaltungsrechtler Otto Mayer prägte bereits vor hundert Jahren die Formel: »Verfassungsrecht vergeht, Verwaltungsrecht besteht.«[121] Dieser Satz hat sich seither oft bewahrheitet. Er bestätigt im Grunde die These, dass selbst nach Revolutionen der alte Verwaltungsapparat weiterfunktioniert, als wäre nichts geschehen. Alexis de Tocqueville hat dies in seinem Buch *L'Ancien Régime et la Révolution* anschaulich demonstriert: Selbst nach der Französischen Revolution blieb der alte Verwaltungsapparat im Wesentlichen derselbe.[122] Max Weber sagt also mit Recht: »Herrschaft ist im *Alltag* primär: *Verwaltung*.« (WuG, S. 126)

4. Heinrich Popitz: Macht und menschliche Natur (II)

Der Soziologe Heinrich Popitz (1925–2002) hat in seinen Machtstudien, die häufig an Weber anknüpfen, entscheidende Grundlagen für die anthropologische Fundierung der Machttheorie gelegt. Popitz, der drei Jahrzehnte an der Universität Freiburg i. Br. lehrte, ist einer der wichtigsten deutschen Soziologen der zweiten Hälfte des 20. Jahrhunderts und gehört inzwischen zu den jüngeren Klassikern des Fachs. Seit einigen Jahren findet er internationale Resonanz, und neuere Ansätze greifen auf ihn zurück.[123] In der Besprechung einer neuen Ausgabe von Popitz-Schriften vermerkte der Rezensent in der *Frankfurter Allgemeinen Zeitung*: »Mit einem Popitz unterm Arm versteht man die Welt besser.«[124] Das ist das beste Kompliment, das man dem Buch eines Soziologen machen kann – zumal bei vielen soziologischen Büchern eher das Gegenteil der Fall sein dürfte. Das Fazit des Rezensenten berührt ein Anliegen, auf das es in den Sozialwissenschaften tatsächlich ankommen sollte: die soziale Welt besser zu verstehen.

Popitz' Studien haben zudem den Vorzug, kurz und prägnant zu sein. Sein Werk umfasst nur wenige schmale Bücher. Nach seiner Promotion über den jungen Marx publizierte er in den 1950er Jahren zunächst industriesoziologische Arbeiten, bevor er sich später vor allem der Rollentheorie und Gesellschaftstheorie widmete.[125] Im Zentrum seines Werks aber stehen die Studien zur Machttheorie. Wie die meisten anderen soziologischen Machttheoretiker knüpft Popitz hier an Max Weber an (PdM, S. 17), nicht zuletzt in der Unterscheidung von Macht und Herrschaft: einer Weiterführung und Differenzierung der Weber'schen Konzepte.

Bei Popitz sind die meisten Positionen zu Macht und Herrschaft durch Weber beeinflusst. Ansonsten aber liegen Welten zwischen den beiden. Sie verkörpern zwei denkbar gegensätzliche Wissenschaftsstile, selbst wenn beide auffällig oft auf literarische Autoren zurückgreifen, um wissenschaftliche Positionen zu veranschaulichen.[126] Auf der einen Seite steht Max Weber, der große universalgeschichtliche Konstruktionen kraftvoll aufeinandertürmt; auf der anderen Seite steht Heinrich Popitz, der feinsinnige Miniaturen mit scheinbar leichter Hand auf das Papier zeichnet. Zu solchen Unterschieden des wissenschaftlichen Stils kommt eine thematische Verschiebung. Während Weber die Herrschaft ins Zentrum seiner politischen Soziologie rückt, stellt Popitz die Macht in den Vordergrund, analysiert ihre Erscheinungsformen und versucht sie zu typologisieren. Sein wichtigstes Buch ist der Band *Phänomene der Macht*, der seit der zweiten Auflage (1992) auch die Abhandlung *Prozesse der Machtbildung* enthält, die 1968 am Anfang seiner Machtstudien stand.

4.1 Anthropologie der Macht

Heinrich Popitz knüpft insofern an die klassische Tradition der philosophischen Anthropologie an, als es ihm um das Verhältnis von Macht und menschlicher Natur geht. Das Thema bildet gewissermaßen den Kern seiner machtsoziologischen Anthropologie, wie er selbst mehrfach betont. Sein *mission statement* lautet: »Die implizite Anthropologisierung des Macht-Konzepts muß theoretisch explizit gemacht werden.« (PdM, S. 21) Wenn das richtig ist, dann greifen wir auch dort zu anthropologischen Argumenten, wo wir gar nicht ausdrücklich die menschliche Natur oder ähnliche Topoi bemühen. Popitz geht es darum, die verborgenen anthropologischen Prämissen hervorzuheben und bewusst zu machen. Wie stark dieser Impetus ist, erkennt man nicht erst an seiner Typologie der »anthropologischen Grundformen« der Macht, auf die gleich zurückzukommen sein wird, sondern sozusagen von Anfang an. Seiner Studie über die *Prozesse der Machtbildung* ist ein Motto vorangestellt, ein Zitat des schottischen Aufklärungsphilosophen David Hume: »Nothing appears more surprizing to those, who consider human affairs with a philosophical eye, than the easiness with which the many are governed by the few; and the implicit submission, with which men resign their own sentiments and passions to those of their rulers.«[127]

Dieses Zitat ist nicht zuletzt durch Popitz ungemein populär geworden. Für ihn wie für Hume ist nichts überraschender als die Leichtigkeit, mit der die Vielen von den Wenigen regiert werden, und die bedingungslose Unterwerfung, mit der die Menschen sich ihren Herrschern unterordnen. Mit dem Erstaunen über scheinbar selbstverständliche Phänomene beginnt politische Philosophie. David Humes Bemerkung hat bis heute kaum etwas von ihrer Relevanz eingebüßt und wird in der Literatur entsprechend häufig zitiert. Im Kern handelt es sich um eine herrschaftssoziologische Frage: Warum werden die Vielen von den Wenigen beherrscht? Auf diese Fragestellung ist Popitz' Machtsoziologie gerichtet. Wir nehmen das Gegebene meist selbstverständlich hin. Nur wenn wir es mit »philosophischem Blick« betrachten, staunen wir über die Leichtigkeit wie auch die Ubiquität der Über- und Unterordnung. So ist es auch bei Popitz: Sein Befund lautet: »Macht ist omnipräsent.« (PdM, S. 17)

Hinzu kommt, dass Macht auch menschliche Beziehungen formt, wenn nicht gar konstituiert. Wenn Popitz referiert, Macht gelte als »ein allgemeines Element der conditio humana«, ja »bestimme das Wesen menschlicher Vergesellschaftung von Grund auf« (PdM, S. 11), dann entspricht dies auch seiner eigenen Position. Macht ist für ihn ein Teil der menschlichen Natur und prägt demzufolge das gesellschaftliche Zusammenleben. Letztlich ist Macht für Popitz sogar notwendig, damit gesellschaftliche Ordnung überhaupt entstehen und aufrechterhalten werden kann. Das gilt zum einen für den Schutz nach außen, denn eine Ordnung, die sich selbst schützen will, müsse »in der Lage sein, Macht zu konzentrieren«. Zum anderen gilt es für den Schutz nach innen, da Ordnungen nur durch Machtkonzentrationen »innere Konflikte zwischen ihren Mitgliedern eindämmen« können (PdM, S. 64).

Dass Macht sich nur durch Macht begrenzen lässt, ist keine neue Einsicht, sondern die klassische Antwort der neuzeitlichen politischen Theorie. Die »Notwendigkeit von Machtkonzentrationen« hat bei Popitz eine normative Dimension, denn für ihn ist sie schlechterdings die Existenzbedingung des demokratischen Verfassungsstaates: Der »Schutz von Recht und Freiheit« sei nur durch eine Konzentration der Macht möglich (PdM, S. 20). Schon allein aus diesem Grund wehrt er sich gegen eine »pauschale Verteufelung« der Macht (PdM, S. 19). Popitz ist kein einseitiger Kritiker oder Lobredner der Macht; er benennt sehr deutlich ihre Schattenseiten und Ambivalenzen und verliert weder ihre Funktionalität noch ihre dunklen Seiten aus dem Auge. Es geht ihm einerseits um die Frage: »warum, aufgrund welcher Fähigkeiten können Menschen Macht ausüben?« Und andererseits um die Frage: »warum müssen Menschen Macht erleiden?« (PdM, S. 23)

Anders als manche andere Autoren des 20. Jahrhunderts, die in ihren historischen Darstellungen die Exzesse der Gewalt beinahe schwelgerisch zitieren, macht Popitz klar, dass Machtausübung immer mit historischen Leidenserfahrungen verbunden ist. Selbst in Gesellschaften, in denen gewaltförmige Machtausübung kaum noch erfahren wird, sind Strukturen von gewissermaßen strukturellen Machterfahrungen geprägt: »In der Konkurrenzgesellschaft werden Machtkonflikte zu einer individuellen Erfahrung in Permanenz. Wenn der individuelle Lebensweg beherrscht wird von der Chance des Hochkletterns und der Gefahr des Absturzes, vom Erfolg und Mißerfolg im Wettbewerb mit anderen, dann muß die eigene Biographie als Sequenz freiwilliger, gewonnener oder verlorener Machtkämpfe empfunden werden. Je offener für vertikale Mobilitätsprozesse die Gesellschaft erscheint, [...] um so eher werden individuelle Erfahrungen als Machterfahrungen interpretiert werden.« (PdM, S. 16) Diese Beschreibung gilt zweifellos umso mehr für die globalisierten Gesellschaften des frühen 21. Jahrhunderts, die von eben dieser Entwicklung geprägt sind.

Wenn Popitz indes glaubt, an der »prinzipiellen Infragestellung jeder Machtausübung als Eingriff in die Selbstbestimmung führt kein Weg mehr vorbei« (PdM, S. 19), dann denkt er sicherlich zu optimistisch. Er führt als Argument ein gestiegenes Freiheitsempfinden an: »Wo ein neues, sensibilisiertes Freiheitsbewußtsein durchbricht, werden Machtverhältnisse in Frage gestellt.« (PdM, S. 18) Hier ist kritisch zu fragen, ob ein solches sensibilisiertes Freiheitsbewusstsein tatsächlich unsere heutige Gegenwart prägt. Die demoskopischen Daten der letzten Jahre ergeben ein anderes Bild, nämlich dass die Freiheit als handlungsleitender Wert auf dem Rückzug ist. Wenn Befragte zwischen Sicherheit und Freiheit wählen müssen, entscheiden sich 67 Prozent für die Sicherheit.[128] Dieses Ergebnis bestätigt wiederum eine andere Theorie von Popitz, auf die noch zurückzukommen sein wird, nämlich seine Theorie der »Ordnungssicherheit«.

Eine Betrachtung der komplexen Phänomene der Macht legt den Schluss nahe, dass die Fügungsbereitschaft der Menschen insgesamt außerordentlich groß ist. Aber auf welchen Motiven beruht die Fügsamkeit? Diese Frage führte Max Weber zu dem Versuch, verschiedene Gehorsamsmotive zu unterscheiden und sie in Form von drei Typen der Herrschaft zu typisieren. Ganz ähnlich geht Popitz vor, wenn er vier »anthropologische Grundformen von Macht« unterscheidet. Solche Typisierungsversuche sind für die Macht- und Herrschaftssoziologie schon allein deshalb sinnvoll, um Prozesse der Machtbildung und verschiedene Stadien der Macht überhaupt erkennen und analysieren zu können. Macht ist nicht gleich Macht. So wie jede wissenschaftliche Untersuchung mit Unterscheidungen beginnt, beruht auch Heinrich Popitz' Machtsoziologie auf einem Modell der vier anthropologischen Grundformen von Macht.

– Auf der ersten Stufe steht die »Aktionsmacht« (oder auch »Verletzungsmacht«). Sie ist eine ganz elementare Form der Machtausübung: »Menschen können über andere Macht ausüben, weil sie andere verletzen können.« (PdM, S. 24) Über diese Art der Macht verfügt – theoretisch – fast jeder. Darin knüpft Popitz an eine klassische Erkenntnis der politischen Theorie an. Hobbes sagt im *Leviathan*, selbst der Schwächste sei »stark genug, den Stärksten zu töten – entweder durch Hinterlist oder durch ein Bündnis mit anderen« (L, S. 94). Die typische Ausübung dieser Machtform ist für Popitz die physische Gewalt.
– Die zweite Form ist die »instrumentelle Macht«. Sie ist die wohl am häufigsten praktizierte Form der Machtausübung, obwohl sie weit voraussetzungsreicher ist als die Aktionsmacht. Denn über ihre Grundlagen verfügt nicht jeder, nämlich »das Geben- und Nehmen-Können, die Verfügung über Belohnun-

gen und Strafen« (PdM, S. 26). Diese Form der Macht beruht zugleich darauf, dass die Belohnung bzw. die Strafandrohung auch glaubhaft sind.

– Noch voraussetzungsreicher ist die dritte Form, die »autoritative Macht«. Popitz bezeichnet sie gelegentlich auch kurz als »Autorität«. Sie ist »eine Macht, die es nicht nötig hat, mit äußeren Vor- und Nachteilen zu operieren; eine Macht, die willentliche, einwilligende Folgebereitschaft erzeugt. Es ist ein Indiz für die Wirksamkeit dieser Macht, daß sie auch dort Konformität erzeugt, wo Handlungen nicht kontrolliert werden können. Sie wirkt über die Grenzen ihres Kontrollbereiches hinaus. Man trägt sie als verinnerlichte Kontrolle mit sich herum.« Diese »innere Macht« vermag nicht nur äußeres Verhalten, sondern auch innere Einstellungen zu steuern. Entscheidend ist die allgemeine anthropologische Grundlage, auf der sie beruht. Diese ist die »Orientierungsbedürftigkeit« des Menschen (PdM, S. 28), also das Bedürfnis nach handlungsleitender Sicherheit. Popitz benennt anschaulich ihre tiefgreifenden Wirkungen: »Autoritätswirkungen führen nicht nur zu Anpassungen des Verhaltens, sondern auch der Einstellung. Der Autoritätsabhängige übernimmt Urteile, Meinungen, Wertmaßstäbe der Autoritätsperson – ihre ›Kriterien‹ – und mit ihnen ihre ›Perspektiven‹, den Standpunkt und die Sichtweise«. Autorität beruht somit letztlich auf dem Wunsch, »von anderen anerkannt zu werden« (PdM, S. 108 u. 114).

– Die vierte und voraussetzungsreichste Form ist die »datensetzende Macht«. Sie beruht auf dem technischen Fortschritt, der für Popitz mit einem ungeahnten Anstieg der Macht von Menschen über Menschen verbunden ist. »Die Perfektionierung technischer Mittel kommt der Perfektionierung dauerhafter Machtausübung auf vielen Gebieten zu Hilfe«, etwa auf dem Gebiet der elektronischen Datenverarbeitung (PdM, S.

179). Mit zunehmender technischer Effizienz steigt auch das Potential möglicher Machtausübung: »wer datensetzende Macht hat, kann in kürzester Frist ein unermeßliches Ausmaß von Macht über unermeßlich viele Menschen« ausüben. Damit erreicht auch die Frage der Machtkontrolle eine ganz neue, nämlich technische Qualität: Das Kernproblem »jeder Machtkontrolle in modernen Gesellschaften ist die Kontrolle technischen Handelns« (PdM, S. 180 f.).

Mit diesen vier anthropologischen Grundformen der Macht versucht Popitz die Komplexität der verschiedenen Machtphänomene in den Griff zu bekommen. Sein Modell beginnt bei der sehr simplen Form der Verletzungsmacht und steigert sich bis hin zur technologisch voraussetzungsreichen »datensetzenden Macht«. Daraus wird bereits ersichtlich, dass man nicht von »der« Macht sprechen kann, sondern differenzieren muss. Mit dieser Typologie hat Heinrich Popitz einen grundlegenden Beitrag zur Theorie der Macht geleistet, einen Beitrag, an den inzwischen eine Reihe von Soziologen wie Gianfranco Poggi und Rainer Paris anknüpfen.[129] Zugleich steht er mit seiner Typologie selbst in einer Tradition einschlägiger Versuche. Hier ist vor allem die Typologie der beiden amerikanischen Autoren John R. P. French und Bertram H. Raven zu nennen, die in sozialpsychologischer Absicht fünf spezifische Machtquellen unterscheiden: Belohnungsmacht (*reward power*), Zwang (*coercive power*), Autorität (*legitimate power*), Identifikationsmacht (*referent power*) und Wissen (*expert power*).[130] Unschwer ist zu erkennen, dass Popitz das Grundgerüst dieses Ansatzes übernommen hat. Er führt ihn zwar in einer Fußnote an, spielt seine Bedeutung aber eher herunter (PdM, S. 264).

Popitz zeigt mit seiner Typologie, dass unter Umständen ganz verschiedene Dinge gemeint sein können, wenn von Macht die Rede ist. Man sollte daher immer misstrauisch sein, wenn jemand pauschale Aussagen über »die« Macht trifft. Die vier Grundformen von Macht, die er aufstellt, können entweder jeweils für sich allein ein Machtverhältnis prägen oder auch in verschiedenen Kombinationen auftreten. Sie sind im Sinne Max Webers als »Idealtypen« zu verstehen. Ihr anthropologischer Status beruht darauf, dass sie in der einen oder anderen Form in allen menschlichen Beziehungen präsent sind. Sie stehen nicht für ein evolutionäres Modell der historischen Entwicklung der Machtformen. Popitz glaubt nicht daran, dass Machtstrukturen im Laufe des Prozesses der Zivilisation zum Verschwinden gebracht werden können. Wohl aber werden sie für ihn im Laufe dieses Prozesses verfeinert. Insofern berührt er sich an diesem Punkt mit Norbert Elias, der in seiner Studie *Über den Prozeß der Zivilisation* eine Verförmlichung der Sitten nachzeichnet, die auch mit einer Verförmlichung der Machtausübung einhergeht.[131]

4.2 Stufen von Macht zu Herrschaft

Die Entstehung politischer Herrschaftsgebilde wie auch sozialer Machtverhältnisse hat stets eine geschichtliche Dimension. Daher spielen historische Aspekte in den meisten Machttheorien eine wichtige Rolle – ob bei Heinrich Popitz, Max Weber oder Norbert Elias. Ordnungsbildung ist zwangsläufig mit Machtbildungsprozessen verbunden und umgekehrt (PdM, S. 185 ff.). Wenn solche Prozesse sich institutionell verfestigen, münden sie in Hierarchiebildungen, die auch im modernen Verfassungsstaat nicht verschwinden. So ist eine politische Herrschaftsordnung als Ensemble von dauerhaften, verfestigten und positionalisierten Machtbeziehungen zu verstehen. Selbst wenn man die Macht als anthropologische Konstante bewertet, wird man nicht bestreiten, dass die politische Machtausübung einer spezifischen Entwicklungsrichtung unterliegt, nämlich der einer Institutionalisierung von Macht zu Herrschaft.

Popitz beobachtet in dieser Hinsicht drei ausschlaggebende Aspekte. Erstens konstatiert er eine *Entpersonalisierung* der Macht. Die Macht ist nicht mehr an eine bestimmte Person gebunden, sondern an eine bestimmte Funktion, so dass die Inhaber von Machtpositionen abgelöst werden können, ohne dass sich etwas am Machtverhältnis ändert (PdM, S. 233). Damit knüpft er an Max Weber an, der die Entwicklung von persönlicher zu unpersönlicher Herrschaft bereits als Charakteristikum der Moderne sieht.[132] Zweitens beobachtet Popitz einen Prozess der *Formalisierung*. Die Macht wird nicht mehr durch spontane Ad-hoc-Entscheidungen eines Einzelnen ausgeübt, sondern orientiert sich immer stärker an Regeln. Und drittens beobachtet er eine *Integration* des Machtverhältnisses in eine übergreifende Ordnung. Indem sich die Macht mit der bestehenden Ordnung verzahnt, wird sie umso dauerhafter gesichert und stabilisiert (PdM, S. 233).

Entpersonalisierung, Formalisierung, Integration – diese drei Prozesse bedeuten insgesamt eine Stabilisierung und Institutionalisierung von Macht und gehören damit zu den fundamentalen Prozessen der »Verfestigung« sozialer Beziehungen und damit zu jenen Entwicklungen, die für die Ordnung menschlichen Zusammenlebens überhaupt konstitutiv sind (PdM, S. 234). Um diese Entwicklung genauer fassen zu können, hat Popitz ein Stufenmodell von fünf Schritten der Institutionalisierung von Macht entwickelt.

– Auf der ersten Stufe, der »sporadischen Macht«, ist die Macht auf Einzelfälle beschränkt; auch können wiederholbare Handlungen noch nicht durchgesetzt werden. Häufig bleibt die Machtausübung bereits in diesem Stadium stecken (PdM, S. 236 f.).

– Auf der zweiten Stufe, der »normierenden Macht«, kann der Machthaber schon Verhaltensregelmäßigkeiten durchsetzen. Die Fügsamkeit hat sich normativ verfestigt. Dadurch wird der Machtaufwand erheblich reduziert, weil der Machthaber nicht immer präsent sein muss. Auf diese Weise wird die Machtausübung, aus seiner Perspektive, ökonomischer und effektiver (PdM, S. 239f.). Aus der Perspektive der Beherrschten aber ist ein solcher Zustand nicht unbedingt zu bejubeln. Popitz weist sehr deutlich darauf hin: »Viele nonkonformistischen Gruppen haben eine starke Abneigung nicht nur gegen Macht-Normierungen aller Art, sondern gegen die Normierung ihrer Beziehungen überhaupt. Solche Aversionen entstehen aus dem (richtigen) Empfinden, daß man mit jeder internen Normierung der ›gesellschaftlichen Ordnung‹ schon den kleinen Finger gibt.« Damit unterstreicht Popitz nicht nur die Legitimität, sich einer solchen Normierung zu verweigern, sondern er formuliert auch eine soziologische Gesetzmäßigkeit. Sie lautet: »Alle Macht strebt nach Normierung.« (PdM, S. 243f.)

– Erst ab der dritten Stufe, der »Positionalisierung von Macht«, spricht Popitz von »Herrschaft«. Dies ist der Fall, wenn die normierende Macht sich zu einer »überpersonalen« Machtstellung verdichtet, also Machtpositionen übertragbar werden (PdM, S. 244f.). Die Positionalisierung von Macht, die Entstehung von Herrschaft, ist für Popitz die soziologisch entscheidende Stufe; sie ist für ihn der »bedeutendste Einschnitt im Prozeß der Institutionalisierung von Macht« (PdM, S. 255).

– Dieser Schritt aber markiert noch nicht das Ende der Geschichte, denn auf der vierten Stufe folgt für Popitz die Entstehung von Positionsgefügen der Herrschaft, gruppiert um zentrale Machtpositionen (PdM, S. 255).

– Die fünfte und letzte Stufe, die staatliche Herrschaft, bezeichnet Popitz als »Veralltäglichung zentrierter Herrschaft«.

> Sie zeichnet sich für ihn durch die Monopolisierung der Gebietsherrschaft in den Bereichen der Normsetzung, Rechtsprechung und Normdurchsetzung aus (PdM, S. 258). Er folgt damit genau jenen Gesichtspunkten, die Weber als Kriterien der Staatlichkeit formulierte. Und wie Weber beobachtet er eine erfolgreiche Verstaatlichung auf vielen Gebieten, nämlich die »Fast-Allgegenwart der Agenturen zentraler Instanzen und die Selbstverständlichkeit, mit der sie unser Tun und Lassen bestimmen«. Was das bedeutet, schildert er sehr anschaulich: »Wir erfahren morgens mit dem Blick auf die Uhr die zentral festgelegte Zeit, verbrauchen zentral geliefertes Wasser, Licht und Wärme zu (hoffentlich) zentral kontrollierten Preisen, treffen uns zu grimmiger Runde am Frühstückstisch – im Rahmen des Ehe- und Familienrechts –, fädeln uns, das Haus verlassend, in die Kanäle der Straßenverkehrsordnung ein, und dürfen noch nicht einmal zur Selbsthilfe greifen, wenn jemand vor unserer Garage parkt.« Mit dieser »Veralltäglichung zentraler Herrschaft« kommt die »Institutionalisierung von Macht« für Popitz zu ihrem Abschluss (PdM, S. 259f.).

Der moderne Staat markiert in der Tat eine Zäsur in der Geschichte politischer Machtausübung. Denn er etabliert eine paradoxe Kombination von gleichzeitiger Konzentration und Begrenzung von Macht. Die kontinentaleuropäischen Gesellschaften der Gegenwart sind nach wie vor durch diese paradoxe Kombination geprägt, insbesondere in Form der Zentralisierung der Gewalt und gleichzeitiger Rechtsbindung der Staatsgewalt. Popitz sieht den Staat daher als Höhepunkt und Abschluss eines historischen Machtprozesses. Die staatliche Herrschaft ist für Popitz zwar die Endstufe der »Institutionalisierung von Macht«, aber nicht unbedingt das Ende der Geschichte. Die Monopolisierung bleibt immer begrenzt und ist nie vollkommen, da die

Zentrale weder alle Normen setzen noch alle Handlungen überwachen kann: Die »Entmachtung nichtstaatlicher Mächte« bleibt immer unvollkommen (PdM, S. 258f.). In der Tat führt das Gewaltmonopol nicht zu einer restlosen Ausschaltung jeder nichtstaatlichen Gewalt. Andernfalls gäbe es ja keine Gewaltkriminalität mehr. Nicht einmal ein totalitärer Staat kann jede nichtstaatliche Gewalt völlig ausschalten. Das Gewaltmonopol bleibt zwangsläufig unvollkommen.

Insofern ist die verbreitete Vorstellung, der Staat gehe aufgrund der heutigen Gefährdungen des Gewaltmonopols seinem Ende entgegen,[133] unhaltbar und unhistorisch. Die Gefährdungen haben ihn von Anfang an begleitet, von den Bauernkriegen bis zu den islamistischen Terroranschlägen der Gegenwart. Da es immer nur Annäherungen an ein echtes Monopol geben kann, ist das Gewaltmonopol nicht in einem absoluten, sondern in einem graduellen Sinn zu verstehen: als ein ständig zu erneuerender und durchzusetzender Anspruch. Die Vorstellung vom Verschwinden des Staates bezieht sich zudem oft auf die Globalisierung, die zu einem Machtverlust des Staates geführt habe, und auf die Internationalisierung und Europäisierung, in deren Folge Souveränitäts- und Hoheitsrechte an supranationale Gemeinschaften abgegeben werden. Daraus aber auf ein Ende des Staates zu schließen,[134] ist eine Wahrnehmungsstörung. Gegenwärtig ist vielmehr ein verstärktes Handeln des Staates zu beobachten.[135] Der Staat bekämpft Pandemien und verstaatlicht Banken; er reguliert Märkte und bekämpft den islamistischen Terrorismus. Selbst wenn er darin nicht immer Erfolg hat: Wer tot ist, versucht all das nur selten.

Popitz' Stufenmodell ist zwar nicht ausdrücklich, aber doch sehr erkennbar an dem Ziel ausgerichtet, Webers Herrschaftskonzept weiterzuentwickeln und zu differenzieren. Dieses Vorhaben scheint im Blick auf die Prozesse der Machtbildung gelungen, denn hier hat Weber in der Tat nur wenig anzubieten. Hingegen bleibt Popitz in der Analyse und Differenzierung des *Herrschafts*konzepts eher blass. Eine Typologie der Herrschaftsformen entwickelt er nicht, womöglich weil es ihm vermessen erschienen wäre, hier mit Weber zu konkurrieren.

4.3 Ordnungssicherheit der Macht

Auch wenn Macht eine universelle Erscheinung, ja eine anthropologische Konstante ist, sind die Motive der Fügsamkeit dennoch sehr verschieden. Aus funktionalistischer Sicht könnte man annehmen, die Über- und Unterordnung sei ein Geschäft auf Gegenseitigkeit. Der Machttrieb der einen korrespondiert mit dem Sicherheitsverlangen der anderen. Wer sich unterordnet, befriedigt sein Bedürfnis nach Handlungssicherheit und Entlastung. In diesem Sinne argumentiert Heinrich Popitz. Die Macht der bestehenden Ordnung beruht für ihn auf der Eigenschaft, »Ordnungssicherheit« zu bieten (PdM, S. 221 ff.). Diese Macht sieht er nicht zuletzt dadurch begründet, dass jeder Einzelne, und sei er noch so benachteiligt, tagtäglich in diese existierende Ordnung investiere, und zwar in Form zahlloser kleiner alltäglicher Handlungen, die ein Netz von Bindungen an die Ordnung knüpfen und diese stabilisieren. Man weiß, woran man ist, und worauf man sich verlassen kann. Auf diese Weise entsteht das, was Popitz als »Investitionswert der bestehenden Ordnung« bezeichnet (PdM, S. 224 u. 225).

Sicherheit gilt als ein »Grundbedürfnis des Menschen«; entsprechend wird das Sicherheitsverlangen in der rechts- und sozialwissenschaftlichen Literatur einhellig als anthropologische Konstante bewertet.[136] Viele gehen davon aus, dass in der menschlichen Natur ein »Sicherheitstrieb« angelegt sei.[137] Dieser anthropologische Befund korrespondiert wiederum mit dem soziologisch und demoskopisch dokumentierten Umstand, dass moderne Gesellschaften auf kaum einen anderen Wert so stark gerichtet sind wie auf den der Sicherheit.[138] Schon vor Jahrzehnten etablierte sich die Sicherheit als zentrale Wertidee moderner Gesellschaften.

Wenn die Gewährleistung von Schutz und Sicherheit der Grund dafür ist, eine bestehende Ordnung überhaupt zu akzeptieren, wird Sicherheit zur Basislegitimität jeder politischen Ordnung. Dies gilt insbesondere für den modernen Staat, der sich seit seinem Entstehen sukzessive als Sicherheitsordnung formiert hat. Ab dem 17. Jahrhundert wird die Sicherheit zu einer politischen Vokabel und findet später auch – als Grundrecht oder als Staatszweck – Eingang in die frühen europäischen und amerikanischen Verfassungen.[139] Wie sich bereits bei Hobbes zeigt, der am Anfang des modernen Sicherheitsdenkens steht, bleibt die Semantik der Sicherheit dabei in der Schwebe. Dieser eigentümliche Schwebezustand ist bis in die aktuelle Literatur hinein zu verfolgen, wo man sich in der Regel damit behilft, den Begriff *ex negativo* zu definieren: als Zustand des Unbedrohtseins und der Abwesenheit von Gefahr.[140] Die Gewährleistung von Sicherheit ist jedenfalls die *conditio sine qua non* eines jedes Staates, wie das Bundesverfassungsgericht bekräftigt: Die »Sicherheit des Staates« und »die von ihm zu gewährleistende Sicherheit seiner Bevölkerung sind Verfassungswerte, die [...] unverzichtbar sind, weil die Institution Staat von ihnen die eigentliche und letzte Rechtfertigung herleitet«.[141]

In der Tat kann sich kein Staat diesem Imperativ entziehen: Wer nicht mehr für die Sicherheit der Bevölkerung garantieren kann, verliert über kurz oder lang die Legitimität. Dies ist insofern prekär, als politische Ordnungen fragile Gebilde sind, die fortwährenden Bedrohungen ausgesetzt sind und vor dem dauernden Problem ihrer Selbstbehauptung stehen. Wie schon Hobbes hält auch Popitz es für naiv, die Existenz der Ordnung für selbstverständlich zu halten. Sind die politischen Ordnungen in Europa heute noch in der Lage, die Sicherheitserwartungen zu erfüllen? Diese Frage ist angesichts des Kontrollverlustes in der Migrationskrise des Jahres 2015 wie auch der Anschläge islamistischer Terroristen in den darauffolgenden Jahren nicht mehr uneingeschränkt zu bejahen. Wie stark die dadurch ausgelöste Verunsicherung weiter Teile der Bevölkerung ist, zeigen die demoskopischen Daten, die seither einen erdrutschartigen Verlust des Ordnungsvertrauens dokumentieren.[142] Dieser Vertrauensverlust geht wiederum mit erheblichen gesellschaftlichen Verwerfungen und Polarisierungen einher.[143] Wenn aber das Vertrauen in die Ordnungssicherheit schwindet, schwindet auch die Basislegitimität, die Existenzgrundlage der politischen Ordnung. Insofern erweist sich Popitz' Theorie der Ordnungssicherheit als eminent aktuell.

5. Hannah Arendt: Macht und Gewalt

Die Entwicklung der Theorie der Macht wurde im 20. Jahrhundert stark durch die deutschamerikanische Politikwissenschaftlerin und Publizistin Hannah Arendt (1906–1975) beeinflusst. Sie gehört generell zu den interessantesten politischen Theoretikerinnen und Publizistinnen der Moderne. Als undogmatische Denkerin, die keiner bestimmten Schule angehört, ist sie nur schwer einzuordnen. Allerdings ist sie in ihrer philosophisch-normativen Ausrichtung mit der Freiburger Schule verwandt. Nicht nur diese Orientierung, sondern auch ihre Leidenschaft und Urteilskraft teilt sie insbesondere mit dem Politikwissenschaftler Wilhelm Hennis.[144] Zu ihren wichtigsten Werken gehören *The Human Condition* (1958, deutsch unter dem Titel *Vita activa*), *On Revolution* (1963), *On Violence* (1970, deutsch unter dem Titel *Macht und Gewalt*) sowie ihr Hauptwerk *The Origins of Totalitarianism* (1951, deutsch unter dem Titel *Elemente und Ursprünge totaler Herrschaft*). Insbesondere die beiden letztgenannten Studien sind für die Theorie der Macht relevant. Berühmt wurde Hannah Arendt vor allem durch ihre Reportage *Eichmann in Jerusalem* (1963), ein Buch, das nicht zuletzt durch seinen provozierenden Untertitel Furore machte: *Ein Bericht von der Banalität des Bösen.*

Das bewegte Leben Hannah Arendts ist ein Spiegel des 20. Jahrhunderts, das durch eine Entfesselung totaler Macht und Gewalt geprägt war. Nach dem Philosophie- und Griechisch-Studium in Marburg, Freiburg und Heidelberg bei Martin Heidegger, Edmund Husserl und Karl Jaspers promovierte sie 1928 über den Liebesbegriff bei Augustinus. Im Sommer 1933 wird sie vorübergehend durch die Gestapo verhaftet. Ihr gelingt die Flucht nach Frankreich, wo sie in Paris für eine jüdische Hilfsorganisation arbeitet, wird nach dem Einmarsch der Deutschen 1940 von den Franzosen in einem Lager in Südfrankreich interniert, kann aber erneut entkommen und flieht über Spanien und Portugal in die USA. Dort arbeitet sie in New York zunächst für die deutsch-jüdische Zeitung *Aufbau* und als Verlagslektorin für Schocken Books, bevor sie, nach einer Gastprofessur in Berkeley und einer befristeten Professur in Chicago, 1967 schließlich Professorin an der New School for Social Research in New York wird.[145]

In ihrem Werk *Elemente und Ursprünge totaler Herrschaft* untersucht sie anhand des Nationalsozialismus und des sowjetischen Kommunismus die Frage, wie totalitäre Herrschaft eigentlich zustande kommt und nach welchen Prinzipien sie funktioniert.[146] Das Werk zeichnet sich durch eine subtile Darstellung aus, die bis heute nichts von ihrer Intensität und Wirkungskraft verloren hat. Die totale Herrschaft wird hier nicht nüchtern-distanziert als historisches Phänomen abgehandelt. Vielmehr ist deutlich zu spüren, wie sehr die Autorin bei ihrer Beschreibung der Phänomene aus eigener Erfahrung spricht. In einem Interview hat Hannah Arendt diese Erfahrung beschrieben, einen raschen Vorgang der Isolierung und Vereinzelung. Es war, berichtet sie über die Veränderung in ihrem Freundes- und Bekanntenkreis nach der Machtergreifung 1933, »als ob sich ein leerer Raum um einen bildete«[147].

Erfahrungen wie diese finden sich auch in ihrem Buch über die totalitäre Herrschaft wieder. Hannah Arendt zeigt, warum Ideologie und Terror die beiden entscheidenden Elemente totaler Herrschaft sind.[148] Die Ideologie beruht auf einer verbindlichen Weltanschauung, sei es einer völkischen oder marxistisch-leninistischen, die das gesamte gesellschaftliche Leben durchdringt. Man redet schließlich in leeren Sprachhülsen; man wird gezwungen, euphemistische Formeln zu verwenden, in einer Welt der Lüge zu leben. Das zweite Element der totalen Herrschaft ist der Terror. Hannah Arendt zeigt, wie der Terror funktioniert, und warum die totale Herrschaft auf ihn angewiesen ist. Notfalls werden Systemfeinde erfunden, um Terror ausüben zu können, wie etwa im sowjetischen Kommunismus unter Stalin. Wenn die vermeintlichen Systemfeinde eliminiert sind, werden neue Systemfeinde erfunden. Hannah Arendt zeigt, dass der Terror keineswegs nur ein Mittel zum Zweck ist, etwa um eine »klassenlose Gesellschaft« zu errichten; der Terror ist vielmehr Selbstzweck, die Existenzgrundlage des Systems selbst. Wenn der Terror aufhört, dann ist auch das totalitäre System am Ende.

Das Buch, das Hannah Arendt schließlich berühmt machte, aber ihr zugleich auch erbitterte Feindschaft eintrug, ist *Eichmann in Jerusalem.*[149] Adolf Eichmann, im NS-System für die sogenannte Endlösung der Judenfrage verantwortlich, war nach Kriegsende untergetaucht und lebte in Argentinien, bevor ihn der israelische Geheimdienst aufspürte und nach Israel verbrachte, wo er in einem spektakulären Prozess angeklagt wurde. Hannah Arendt reiste als Prozessbeobachterin des *New Yorker* nach Jerusalem und erlebte im Gerichtssaal einen biederen deutschen Beamten, der auf die an ihn gestellten Fragen leise und präzise antwortete, Auskunft darüber gab, wie er die Transporte in die Konzentrationslager organisierte, pedantisch, ordentlich, pflichtbewusst: banal. Daher gab sie ihrem Prozessbericht den Untertitel *Ein Bericht von der Banalität des Bösen.* Dieser Bericht wurde von vielen Zeitgenossen, vor allem in den USA, als skandalös empfunden und provozierte wütende Reaktionen, da er das Grauen des Holocaust verharmlose. Doch wer über die *Banalität des Bösen* schreibt, benennt ja den entscheidenden Punkt: das Böse.

5.1 Die Potentialität der Macht

Die Reflexionen zu den Wirkungen und Voraussetzungen von Macht durchziehen weite Teile des Werks Hannah Arendts. Sie gehört zu den ersten, die sich über die herrschende Begriffsverwirrung in der Politikwissenschaft beklagen, wobei sie sich vor allem beklagt über den »gegenwärtigen Stand der politischen Wissenschaft, daß unsere Fachsprache nicht unterscheidet zwischen Schlüsselbegriffen wie Macht, Stärke, Kraft, Autorität und schließlich Gewalt« (MG, S. 44). Sie behandelt diese Frage nicht nur in *On Violence*, sondern auch in *The Human Condition*, einem ihrer drei Hauptwerke. Der Originaltitel bringt sehr klar die anthropologische Perspektive der Studie zum Ausdruck, anders als der betuliche Titel der deutschen Fassung *Vita activa oder Vom tätigen Leben* (1960). Die Studie ist insofern repräsentativ, als viele Machttheorien auf anthropologische Fragen gerichtet sind.

Für Hannah Arendt ist Macht nicht etwas Statisches, das man besitzen oder konservieren könnte, sondern ein Phänomen, das erst im menschlichen Handeln entsteht und nur in diesem Handeln existiert. Ähnlich wie Max Weber, der die Macht als »Chance« versteht (WuG, S. 28), spricht Hannah Arendt von dem »potentiellen Charakter des Phänomens«. Und so wie Weber die Macht an soziales Handeln bindet, betont Arendt: Macht »besitzt eigentlich niemand, sie entsteht zwischen Menschen, wenn sie zusammen handeln, und sie verschwindet, sobald sie sich wieder zerstreuen« (Va, S. 194).

So verschieden diese beiden Denker sonst auch sind, bei beiden findet sich der Gesichtspunkt der Potentialität wie auch die

Kategorie des Handelns. Macht ist für sie kein Ding, sondern ein soziales Geschehen. Darin haben Hannah Arendt und Max Weber sicher recht. Man stelle sich einen König auf einer kleinen Südseeinsel vor, der dort ganz allein lebt. Die Frage lautet: Hat dieser König überhaupt Macht? Man wird vermutlich zu dem Ergebnis kommen, dass seine schöne Krone und sein schönes Zepter ihm überhaupt nichts nützen. Wer ganz allein und ohne jeden sozialen Kontakt lebt, kann auch keine Macht haben. Eben dies ist auch Hannah Arendts These: dass die Macht nur im Moment des Handelns und sonst nirgends existiert (Va, S. 194).

Während für David Hume nichts überraschender ist als die Leichtigkeit, mit der die Vielen von den Wenigen regiert werden, und die bedingungslose Unterwerfung, mit der sie sich den Herrschenden unterordnen,[150] würde Hannah Arendt sich hierüber keineswegs wundern. Für sie ist Macht gerade aufgrund ihres potentiellen Charakters »so erstaunlich unabhängig von rein materiellen Faktoren. Eine zahlenmäßig kleine, aber durchorganisierte Gruppe von Menschen kann auf unabsehbare Zeiten große Reiche und zahllose Menschen beherrschen [...] Die Macht der Wenigen kann sich wohl unter Umständen der Macht der Vielen als überlegen erweisen.« (VA, S. 194)

Hannah Arendt würde also David Hume widersprechen. Zudem wählt sie eine ganz andere Blickrichtung, nämlich eine organisationssoziologische Perspektive, die in der Tradition Max Webers mit dem »Vorteil der kleinen Zahl« argumentiert. Weber erblickte im Rückgriff auf eine Formel des Wiener Nationalökonomen Friedrich von Wieser[151] die Überlegenheit der Elite gegenüber den Beherrschten im »Vorteil der kleinen Zahl«, d.h. in »der für die herrschende Minderheit bestehenden Möglichkeit, sich besonders schnell zu verständigen und jederzeit ein der Erhaltung ihrer Machtstellung dienendes, rational geordnetes Gesellschaftshandeln ins Leben zu rufen und planvoll zu leiten«[152].

Diesen Gesichtspunkt macht sich Hannah Arendt zu eigen. Auch Niklas Luhmann wird später an diesen Aspekt anknüpfen. Da die Wenigen sich besser organisieren können als die Vielen, sind sie ihnen potentiell überlegen.

5.2 Macht vs. Gewalt

Nach allgemeiner Überzeugung kann Macht auf sehr verschiedene Weise ausgeübt werden: etwa durch Überzeugungskraft, Drohung, Bestechung oder durch Gewalt. Die Möglichkeiten sind so verschieden, dass der Machtbegriff selbst Max Weber als »soziologisch amorph« erschien (WuG, S. 28). Um das Problem zu lösen, könnte man die verschiedenen Machtformen typologisieren, wie es Heinrich Popitz getan hat, oder verschiedene Grade der Machtausübung unterscheiden, etwa in einer Skala, von relativ schwachen Formen bis hin zu starken Formen.[153] Geht man von dieser Vorstellung aus, dann könnte man die Gewalt als eine elementare Form der Machtausübung einstufen. Diese Ansicht durchzieht die gesamte Geschichte des politischen Denkens und repräsentiert seit über tausend Jahren die herrschende Meinung. Wenn man über einen Zeitraum von Tausenden von Jahren von einer herrschenden Meinung sprechen kann, dann hier. Von Thukydides über Machiavelli und Hobbes bis Nietzsche und Weber sahen die meisten Autoren die Gewalt als eine Form der Macht. Diese Ansicht ist auch in der sozialwissenschaftlichen Literatur seit hundert Jahren entsprechend häufig anzutreffen. Sie findet sich etwa bei Heinrich Popitz, der die Gewalt in Form der »Verletzungsmacht« als die primäre Stufe der Macht sieht (PdM, S. 23 ff.), oder bei Eduard Spranger, der Gewalt und Zwang als »letzte physische Ausläufer der Macht« betrachtet.[154]

Dieser herrschenden Sichtweise widerspricht Hannah Arendt jedoch vehement. Sie vollzieht eine radikale Abkehr von einer ebenso alten wie für selbstverständlich gehaltenen Denkgewohnheit, »daß Macht und Gewalt dasselbe sind, beziehungsweise daß Gewalt nichts weiter ist als die eklatanteste Manifestation von Macht« (MG, S. 36). Eine solche Sichtweise glaubt sie vor allem bei Max Weber zu beobachten, an dem sie in diesem Kontext kein gutes Haar lässt. Sie wirft ihm überdies vor, Macht mit staatlicher Macht gleichzusetzen. Eine solche Gleichsetzung aber findet sich bei Weber gar nicht, und er sieht die Macht auch nicht, wie Arendt meint, »als Instrument der Herrschaft« (MG, S. 37).

Anders als für Weber ist Gewalt für Arendt überhaupt keine Form von Macht. Wer Gewalt ausübe, dokumentiere letztlich nur seine Machtlosigkeit. Auf den ersten Blick scheint es sich hier um eine Sozialarbeiter-Rhetorik zu handeln, die den Gewalttätigen kurzerhand als den eigentlich Hilflosen definiert, womöglich um ihn zu therapieren. Entsprechend konstatiert Hannah Arendt, dass Gewalt und Machtlosigkeit sich in der Politik sogar meist »sehr gut verbinden« (Va, S. 196). Gerade die Ohnmächtigen seien »besonders geneigt«, »zur Gewalt zu greifen« (MG, S. 55). Diese These klingt auf den ersten Blick sehr konstruiert, aber erscheint plausibler, wenn man an Spezialfälle wie etwa die terroristische Gewalt im Europa der 1970er Jahre denkt, an die deutsche RAF, die baskische ETA oder die irische IRA. Diese terroristischen Gruppen übten zwar brutale Gewalt aus, entführten und ermordeten ihre Opfer, aber über politische Macht verfügten sie keineswegs, im Gegenteil.

Hannah Arendt macht es zu ihrer Mission, die Inkompatibilität von Macht und Gewalt zu postulieren. Dabei führt sie eine dogmatisch anmutende Argumentation, die im Grunde weniger eine Argumentation als eine Behauptung ist. So heißt es an einer Stelle: »Macht und Gewalt sind Gegensätze: wo die eine absolut herrscht, ist die andere nicht vorhanden. Gewalt tritt auf den Plan, wo Macht in Gefahr ist.« (MG, S. 57 f.) Hannah Arendt meint sogar, Macht sei dort am größten, wo sie ganz ohne Gewalt, ja ohne Gewaltdrohung auskommt. Hier ist besonders gut zu erkennen, dass es ihr darum geht, den Machtbegriff von seinem negativen Image zu befreien und ihn positiv zu besetzen. Dieses positive Verständnis will sie unbedingt etablieren. In dieser Absicht stellt sie bei negativen Machtformen kurzerhand in Abrede, dass es sich überhaupt um Macht handele.

In diesem Zusammenhang wendet sie sich einmal mehr gegen Max Weber, der die Gewaltsamkeit als Strukturmerkmal staatlicher Herrschaft sah. Arendt wagt hier eine Gegenthese, denn für sie gehört nur die Macht »zum Wesen aller staatlichen Gemeinwesen«, »Gewalt jedoch nicht« (MG 52). Mit dieser These handelt sie sich jedoch ein empirisches Problem ein. Die Frage, ob Gewalt zum Wesen des Staates gehört, kann ja nicht losgelöst von der empirischen Erfahrung gesehen werden, dass politische Gemeinschaften sich mit Gewalt gegen innere oder äußere Angriffe schützen, um sich zu behaupten. Nicht von ungefähr haben Soziologen wie Max Weber oder Heinrich Popitz die konstitutive Bedeutung der Gewalt für staatliches Handeln betont.

In einem wichtigen Punkt hat Hannah Arendt zweifellos recht: Der Spielraum der Machtausübung ist naturgemäß umso größer, je mehr Möglichkeiten der Machtdurchsetzung zur Verfügung stehen. Ob drohen, schmeicheln, überreden oder bestechen – wenn Gewalt angewendet wird, entfallen alle diese Möglichkeiten. Die Anwendung von Gewalt wäre dann tatsächlich so etwas wie der Nullpunkt der Macht. Diese Position hat, aus systemtheoretischer Sicht, Niklas Luhmann vertreten. Wie Hannah Arendt möchte er Macht und Gewalt strikt voneinander trennen. Nur: Warum sind die politischen Gemeinschaften in Geschichte und Gegenwart dann so darauf erpicht, gigantische Gewaltpotentiale anzuhäufen? Etwa nicht mit dem Ziel, sich gegenüber feindlichen Mächten zu behaupten? Auch lässt die historische Erfahrung eher darauf schließen, dass die Chance der Selbstbehauptung politischer Gemeinschaften auch mit glaubhafter Gewaltdrohung zu tun hat.

Bei einer unbefangenen Betrachtung historischer Machtformen wird man sich der Einsicht nicht entziehen können, dass Gewalt als potentielle Form der Machtausübung gesehen werden muss. Hannah Arendts Versuch einer radikalen Scheidung hat eher dogmatischen Charakter und wird auch nicht wirklich theoretisch überzeugend begründet. Die Trennung lässt sich jedenfalls nicht aufrechterhalten, da man Macht und Gewalt nicht in dieser Weise voneinander separieren kann. Daher haben die meisten Sozialwissenschaftler wie bereits die Klassiker des politischen Denkens die Gewalt mit Recht als eine Form der Machtausübung begriffen.[155] Dass es sich um eine extreme Form handelt, die überdies wenig erstrebenswert ist, steht auf einem anderen Blatt.

5.3 Macht und Politik

Wie positiv Hannah Arendts Verständnis der Macht ist, kommt besonders klar in ihrer Beschreibung des Verhältnisses von Macht und Politik zum Ausdruck. Bei ihr erscheint die Macht regelrecht als *conditio sine qua non* der Politik: »Was einen politischen Körper zusammenhält, ist sein jeweiliges Machtpotential, und woran politische Gemeinschaften zugrunde gehen, ist Machtverlust und schließlich Ohnmacht.« (Va, S. 193) Diese Beschreibung klingt so, als wäre die Macht eine Art Kitt, der die politische Gemeinschaft zusammenhält. Entfernt man den Kitt, fällt auch das Gebäude auseinander. In der Tat zeigt sich in revolutionären Situationen, wie die Macht plötzlich implodieren kann. Auf diese Beobachtung stützt sich Hannah Arendts Theorie. »Alle politischen Institutionen sind Manifestationen und Materialisationen von Macht; sie erstarren und verfallen, sobald die lebendige Macht des Volkes nicht mehr hinter ihnen steht und sie stützt.« (MG, S. 42)

Für Arendt existiert die Macht politischer Institutionen also nur so lange, wie sie vom Volk für legitim gehalten wird. »Was den Institutionen und Gesetzen eines Landes Macht verleiht, ist die Unterstützung des Volkes, die wiederum nur die Fortsetzung jenes ursprünglichen Konsenses ist, welcher Institutionen und Gesetze ins Leben gerufen hat.« (Ebd.) Ihre Frage lautet: Worauf beruht eigentlich das Dasein einer politischen Gemeinschaft? Sie ist davon überzeugt, dass es die Macht ist. Diese Macht bedürfe der Legitimität, die wiederum in erster Linie in dem »ursprünglichen Konsens« bestehe, d.h. dem Gründungsakt der politischen Gemeinschaft (MG, S. 53). Wenn sie den Gründungsakt derart ins Zentrum rückt, dann wird er als Akt der Machtgründung und Legitimitätsstiftung hypostasiert. Es bleibt bei ihrem apodiktischen Urteil: »Macht ist, was den öffentlichen Bereich, den potentiellen Erscheinungsraum zwischen Handelnden und Sprechenden, überhaupt ins Dasein ruft und am Dasein erhält.« (Va, S. 194)

Die Wurzeln ihrer politischen Theorie sind hier wie auch sonst stark durch die Existenzphilosophie Martin Heideggers geprägt. Das kommt auch in der Fragestellung ihres Buchs *The Human Condition* (*Vita activa*) zum Ausdruck, wo sie drei menschliche Tätigkeitsformen unterscheidet: Arbeiten, Herstellen und Handeln (Va, S. 76 ff., 124 ff., 164 ff.). Arendts Frage lautet: Was tun wir eigentlich, wenn wir etwas tun? Diese Frage zielt, wenn man so will, auf die Fundamente des Seins. Hannah Arendt bedient sich in ihrem Werk nicht oft eines existenzphilosophischen

Vokabulars. Sie wahrte zu Heideggers Philosophie zwar terminologisch eine gewisse Distanz, aber philosophisch wie biographisch war für sie das Studium bei Heidegger, mit dem sie seit der Marburger Studienzeit eine heimliche Liebesbeziehung verband,[156] von größter Bedeutung. Dies kommt in einer Rede zum Ausdruck, die sie im Jahr 1969 im Bayerischen Rundfunk zu Heideggers 80. Geburtstag hielt. Was sie an ihm faszinierte, war das Vermögen, »vor dem Einfachen zu erstaunen [...] Bei diesen Wenigen ist es letztlich gleichgültig, wohin die Stürme ihres Jahrhunderts sie verschlagen mögen. Denn der Sturm, der durch das Denken Heideggers zieht – wie der, welcher uns nach Jahrtausenden noch aus dem Werk Platos entgegenweht – stammt nicht aus dem Jahrhundert. Er kommt aus dem Uralten, und was er hinterläßt, ist ein Vollendetes.«[157]

Jenes Einfache, vor dem Hannah Arendt erstaunt, ist das Dasein des öffentlichen Bereichs, das Dasein der Gesellschaft. Hier weist sie der Macht eine alles entscheidende Funktion zu, denn Macht ist für sie die Bedingung der Möglichkeit von Politik. Darin stimmt sie mit der großen Mehrheit der politischen Denker ihres Jahrhunderts überein – auch Max Weber, Harold D. Lasswell, Hans J. Morgenthau oder Paul Ricœur teilen diese Ansicht.[158]

Die enge Beziehung zwischen Macht und Politik spiegelt sich bereits im Sprachgebrauch. Wer in der Politik etwas bewegen will, der benötigt hierzu Macht. Wer sich in der Politik durchsetzen kann, den bezeichnet man als einen Machtmenschen. Umgekehrt gilt: Wer eine Wahl verliert, erleidet auch einen Machtverlust. Wenn dagegen eine Oppositionspartei die Wahlen gewinnt, dann »kommt sie an die Macht«. Man kann Arendts Theorie bei der Analyse historischer Prozesse verwenden, so wie sie es selbst bei ihrer Analyse der Französischen Revolution und auch der amerikanischen Revolution gemacht hat.[159] Auch jenseits revolutionärer Prozesse lassen sich Beispiele dafür anführen, wie eng die Verbindung von Macht und Politik ist. Kaum jemand hat klarer als Hannah Arendt diesen Zusammenhang hervorgehoben.

Hannah Arendt ist seit langem eine etablierte Klassikerin des politischen Denkens. An ihre Konzepte knüpfen sich zahlreiche Interpretationen, die ihren Ansatz einordnen und weiterentwickeln wollen. Klassiker sind Klassiker, weil sie Deutungsmuster für gegenwärtige Zeit- und Theoriekontexte bereitstellen. Allerdings können sie sich nicht mehr gegen verzerrende Interpretationen ihrer Theorien wehren. So ist Arendts Ansatz etwa von Jürgen Habermas als eine Theorie »kommunikativer Macht« interpretiert worden. Er glaubt, Arendt »versteht Macht als die Fähigkeit, sich in zwangloser Kommunikation auf ein gemeinschaftliches Handeln zu einigen«[160]. Diese Deutung ist insofern abwegig, als von einer »zwanglosen Kommunikation« bei Hannah Arendt überhaupt keine Rede ist. Wie sollte Macht auch eine »zwanglose Kommunikation« ermöglichen? Eine denkbare Erklärung lautet: Habermas' Aufsatz über Arendt entstand in der Zeit, in der er selbst an seiner *Theorie des kommunikativen Handelns* arbeitete. Er instrumentalisierte Hannah Arendt insofern, als er ihr seine eigene Theorie unterschob.

In Hannah Arendts Buch *Macht und Gewalt* steht nämlich etwas ganz anderes: »*Macht* entspricht der menschlichen Fähigkeit, [...] sich mit anderen zusammenzuschließen und im Einvernehmen mit ihnen zu handeln. Über Macht verfügt niemals ein Einzelner.« (MG, S. 45) Ihre These lautet also: Macht existiert nicht ohne Kommunikation. Das ist aber etwas ganz anderes als »zwanglose Kommunikation« oder »kommunikative Macht«! Mit Recht moniert die britische Politikwissenschaftlerin Margaret Canovan, Hannah Arendts Theorie werde bei Habermas verfälscht, indem er ihr kurzerhand seine eigene Terminologie überstülpe.[161]

Worauf es Hannah Arendt ankommt, sind zwei gewissermaßen soziologische Gesichtspunkte: Zum einen sei Macht nicht etwas, das man besitzen könne, da sie vielmehr etwas Situatives sei und sich im Handeln manifestiere; zum anderen sei die Macht nicht zwangsläufig etwas Asymmetrisches, sondern vielmehr durch symmetrische Elemente geprägt. Mit der Akzentuierung der einvernehmlichen Elemente von Machtbeziehungen hebt sie einen Aspekt hervor, der später für so unterschiedliche Autoren wie Niklas Luhmann und Michel Foucault wichtig wird. Nur: Wenn Machtbeziehungen meist etwas Einvernehmliches wären, dann wären auch alle Bemühungen um Machtkontrolle und Machtbegrenzung obsolet. Dass sie aber nach wie vor nötig sind, steht außer Frage.

6. Michel Foucault: Im Netz der Macht

Unter den Machttheoretikern seines Jahrhunderts nimmt der französische Philosoph Michel Foucault (1926–1984) eine prominente Stellung ein. Anhand historischen Archivmaterials, insbesondere Akten von Gefängnissen und Psychiatrien, zieht er in seinen Studien Schlüsse auf das Wesen der Macht und versucht sie als grundlegendes Konstitutionsprinzip moderner Gesellschaften zu demonstrieren. Da Foucault zu den populären Autoren der Gegenwart gehört, werden seine Machtbeschreibungen, die im Zentrum seines Werks stehen, viel rezipiert. Er hat sich dem Machtthema in zahlreichen Schriften gewidmet, etwa in *Der Wille zum Wissen* (1976) oder in *Überwachen und Strafen* (1975). Ähnlich wie bei Hannah Arendt kann man bei ihm nicht bei einer klaren Machtdefinition ansetzen, sondern steht einer Vielzahl von Beschreibungsversuchen gegenüber, die sich stark voneinander unterscheiden. »Das Problem besteht darin, daß Foucault zu viele Dinge Macht nennt«, wie es die amerikanische Politologin Nancy Fraser formuliert.[162] Dieser Umstand erleichtert nicht gerade eine kompakte Darstellung seiner Theorie. Auf den folgenden Seiten sollen die wichtigsten Punkte und Kritikpunkte vorgestellt werden.

Nach dem Philosophie- und Psychologiestudium in Paris war Foucault zunächst Dozent und jeweils kurzzeitig Leiter verschiedener französischer Kulturinstitutionen in Uppsala, Warschau und Hamburg; er lehrte anschließend in Clermont-Ferrand und Tunis, bevor er 1970 auf eine Professur für die Geschichte der Denksysteme am Collège de France in Paris berufen wurde.[163] Wie viele andere französische Intellektuelle engagierte er sich in den verschiedenen politischen Initiativen, etwa für die polnische *Solidarnosc*, die vietnamesischen *Boatpeople* oder die von ihm mitinitiierte *Groupe d'information sur les prisons* (*Arbeitskreis Gefängnisinformation*), die sich für die Belange von Häftlingen einsetzte.[164]

Dieses Engagement blieb nicht ohne Wirkung auf seine Texte, in denen geschlossene Institutionen wie das Gefängnis immer stärker in den Vordergrund rückten. Auf Unverständnis und scharfe Kritik stießen seine Reportagen aus dem Iran, in denen er 1978 die schiitische Revolution, die rasch in der theokratischen Gewaltherrschaft endete, glorifizierte.[165] Seine unkritische Bewunderung des Ajatollah Khomeini, den er hofierte, ließ selbst seine Anhänger an seiner politischen Urteilskraft zweifeln.[166] Schon Hannah Arendt beobachtete eine gesteigerte Anfälligkeit insbesondere von Intellektuellen für den Charme von Despoten.[167]

6.1 Das Subjekt der Macht

Bei Foucault finden sich sehr unterschiedliche Beschreibungen und Bewertungen der Macht, die sich in den späteren Werken zudem auf einer eher abstrakten Ebene bewegen. In seiner Schrift *Der Wille zum Wissen* etwa versteht er unter Macht »die Vielfältigkeit von Kraftverhältnissen, die ein Gebiet bevölkern und organisieren; das Spiel, das in unaufhörlichen Kämpfen und Auseinandersetzungen diese Kraftverhältnisse verwandelt, verstärkt, verkehrt. [...] weil sie von überall kommt, ist die Macht überall. [...] Die Macht ist der Name, den man einer komplexen strategischen Situation in einer Gesellschaft gibt.« (WW, S. 93 f.)

Damit schlägt Foucault ein neues Kapitel in der Geschichte der Machttheorien auf. Für ihn ist Macht nicht mehr an eine soziale Beziehung zwischen Personen gebunden, und erst recht nicht an eine asymmetrische Beziehung, sondern lediglich an komplexe »Kraftverhältnisse«. (Mit diesem Begriff werden in der deutschen Ausgabe etwas unglücklich die »rapports de force« übersetzt, von denen Foucault spricht.) Da die Macht nach seinem Verständnis »überall« ist (WW, S. 94), gibt es für ihn keinen Ort, wo man sie lokalisieren oder fixieren könnte. Entsprechend gibt es für ihn aber auch keinen Ort, wo man ihr entrinnen könnte. So wird die ganze Gesellschaft zu einer großen Macht-Zone.

Diese Beschreibung unterscheidet sich deutlich von den klassischen Theorien der Macht, wie sie seit Hobbes die neuzeitliche politische Theorie geprägt haben. Sie unterscheidet sich allerdings auch von den Beschreibungen, die sich in anderen Schriften Foucaults finden. In seinem Aufsatz *Subjekt und Macht* etwa wird die Macht zunächst als Prozedur zur Ausbildung von Identität beschrieben, wenige Seiten später als Ensemble wechselseitig »aufeinander reagierender Handlungen« (SM, S. 252). Um Definitionen handelt es sich bei diesen Aussagen nicht, schließlich besteht jedes Theaterstück aus ›aufeinander reagierenden Handlungen‹.

Foucault selbst konstatiert im Jahr 1977: »Ich habe keine allgemeine Theorie«, und er unterstreicht im folgenden Jahr in einer Diskussion in Tokio, es gehe ihm nicht darum, »eine allgemeine Theorie der Macht zu begründen«; entsprechende Versuche seien in der okzidentalen Ideengeschichte stets erfolglos geblieben.[168] Trotz dieses Statements aber kreist sein Werk unabweisbar um einen solchen Versuch. Für Martin Saar enthält sein Werk jedenfalls »eine mehr oder weniger deutliche ›Theorie‹ der Macht, die man sinnvoll mit anderen Machttheorien kontrastieren kann«[169]. Das trifft zu. Aber zu welchem Ergebnis kommt eine Kontrastierung mit anderen Machttheorien? Foucault grenzt sich zwar pauschal von fast allen früheren Theorien ab, schreibt tatsächlich aber einige prominente Ansätze konsequent fort. Wenn er etwa die Machtausübung als »eine Form handelnder Einwirkung auf andere« versteht, da sie für ihn »nur als Handlung« existiert (SM, S. 255), dann schließt er sich der herrschenden Meinung an. Ob Max Weber, Hannah Arendt oder Heinrich Popitz – sie alle vertreten ein handlungsbezogenes Machtverständnis und bestreiten energisch, dass Macht etwas ist, das man »besitzen« könnte.

Auch Foucaults strikte Abgrenzung von Macht und Gewalt finden wir bereits bei Hannah Arendt. Für ihn sind Machtbeziehungen »definiert durch eine Form von Handeln, die nicht direkt und unmittelbar auf andere, sondern auf deren Handeln einwirkt [...] Gewaltbeziehungen wirken auf Körper und Dinge ein. Sie zwingen, beugen, brechen, zerstören. Sie schneiden alle Möglichkeiten ab. Sie kennen als Gegenpol nur die Passivität, und wenn sie auf Widerstand stoßen, haben sie keine andere Wahl als den Versuch, ihn zu brechen.« Foucault stimmt also einerseits mit Hannah Arendt überein, will aber andererseits den »Einsatz von Gewalt« nicht als Option der Macht ausschließen, denn die Macht erweitere damit ihre »Handlungsmöglichkeiten oder schränkt sie ein, erhöht oder senkt die Wahrscheinlichkeit von Handlungen« (SM, S. 255 f.).

Foucault beschreibt die Macht hier aus der Perspektive des Handelns; an anderen Stellen aber distanziert er sich von handlungsbezogenen Ansätzen. Schließlich will er die Macht nur im Sinne einer »komplexen strategischen Situation« verstanden wissen, einer Struktur, die Verhaltensweisen erst hervorbringt, womit sie eher als etwas Mediales zu begreifen wäre.

Insgesamt ist bei Foucault ein weites Verständnis von Macht zu erkennen, das man wohl mit »Steuerung« übersetzen könnte. Er erhebt allerdings auch nicht den Anspruch, einen analytischen

Machtbegriff zu formulieren. Bei seinen Reflexionen handelt es sich vielmehr um Beschreibungen, die in verschiedenen Kontexten jeweils unterschiedliche Aspekte der Macht ansprechen. Dass diese Beschreibungen sich nicht zu einer konsistenten Theorie fügen und dies auch nicht beabsichtigen, fordert bis heute zu neuen Interpretationen heraus. Dies trägt wiederum zu der großen Anziehungskraft bei, die Foucaults Texte nach wie vor ausüben.

In methodischer Hinsicht sieht Foucault sich in einer Dissidentenrolle gegenüber den klassischen Machttheorien. Er wirft ihnen nicht zuletzt eine Staatsfixierung vor und fordert, man dürfe die Erforschung der Macht nicht mehr »auf die Staatsapparate und auf die sie begleitenden Ideologien« ausrichten, sondern müsse »sich frei machen vom Modell des *Leviathan*«[170]. Diese Forderung kann man allerdings nur stellen, wenn man die Literatur nicht in Betracht zieht. Die wichtigen Konzepte sind jedenfalls weit von einer Staatsfixierung entfernt. Bereits im 19. Jahrhundert vollzieht sich eine rasche Entstaatlichung des Machtbegriffs,[171] wie sich besonders deutlich bei Marx oder Nietzsche zeigt. Für Marx etwa liegt die Macht beim Kapital; für Nietzsche liegt sie im eigenen Willen.[172] Dieser Trend setzt sich 20. Jahrhundert fort und kommt hier erst zur Entfaltung, wie etwa bei Hannah Arendt, Pierre Bourdieu oder Niklas Luhmann deutlich wird. Foucault tritt also nur durch eine offene Tür, wenn er ein »neues Verständnis der Macht« fordert.[173] Seine These, dass die Macht kein Besitz und keine Substanz sei; dass sie nicht bei einer »zentralisierten Instanz« zu lokalisieren sei; dass sie nicht »auf politische Macht reduziert« werden dürfe[174] – all das gehörte seit einem halben Jahrhundert zum theoretischen Gemeingut.

6.2 Die Macht und ihr Widerstand

In seinem Text *Subjekt und Macht* (1982) richtet Foucault den Blick auf den »Widerstand gegen die verschiedenen Formen von Macht«, um das Wesen der Macht zu erkennen. Er erläutert, warum er das Verfahren *ex negativo* wählt: »Will man zum Beispiel verstehen, was die Gesellschaft unter geistiger Gesundheit versteht, muss man untersuchen, was auf dem Gebiet der Geisteskranken geschieht. Wenn wir wissen wollen, was wir mit Gesetzlichkeit meinen, müssen wir analysieren, was im Bereich der Gesetzlosigkeit geschieht. Und wenn wir wissen möchten, was Machtbeziehungen sind, müssen wir vielleicht die Widerstände dagegen untersuchen und die Bemühungen, diese Beziehungen aufzulösen.« (SM, S. 243)

Hier folgt Foucault scheinbar Kierkegaards Devise, man müsse die Ausnahme studieren, um das Wesen des Allgemeinen zu erkennen.[175] In methodischer Hinsicht ist ein solches Verfahren jedoch riskant, denn man bekommt nur noch diejenigen Machtbeziehungen in den Blick, gegen die sich tatsächlich Widerstand regt. Das aber ist nur ein kleiner Teil. Schließlich werden die meisten Machtverhältnisse ohne großen Widerstand akzeptiert, wie der übereinstimmende Befund von David Hume über Max Weber und Niklas Luhmann bis in die heutige Herrschaftssoziologie zeigt. Deren Grundfrage lautet nach wie vor, warum Machtverhältnisse so klaglos hingenommen werden. Mit Recht moniert der Foucault-Experte Thomas Lemke, dass Foucault die Machtverhältnisse »primär aus der Perspektive von Konfrontation und Unterwerfung« beschreibt, während die entscheidende Frage, »wie Legitimitätsglaube, Akzeptanz und Konsens« entstehen, demgegenüber unklar bleibe.[176] In der Tat bleiben entscheidende herrschaftssoziologische Fragen offen. Überdies fallen die Beschreibungen der Machtwirkungen nicht zuletzt deshalb schwankend aus, weil sie auf eine Heranziehung der einschlägigen historischen und soziologischen Forschung verzichten.

Foucault macht die Widerstände zur *conditio sine qua non* der Macht. Er meint, die Machtverhältnisse »können nur kraft einer Vielfalt von Widerstandspunkten existieren, die in den Machtbeziehungen die Rolle von Gegnern« spielen (WW, S. 96). Die Ausrichtung seiner Machttheorie auf Widerstände resultiert womöglich aus der Fixierung auf jene Institutionen, mit denen er sich bevorzugt befasst: Gefängnisse, Kliniken, Psychiatrien. Die aus Psychiatrie- und Gefängnisakten rekonstruierten Strukturen auf die gesamte Gesellschaft zu projizieren ist jedoch methodisch angreifbar, wie insbesondere aus Sicht der Geschichtswissenschaft gegen Foucault eingewandt wird.[177] Man entgeht jedenfalls nicht der Gefahr, dabei das Bild der Gesellschaft zu verzeichnen.

Die Beispiele für die Widerstände lassen jene Institutionen hervortreten, bei denen Foucault die tatsächliche Macht verortet: Psychiatrie, Kliniken, staatliche Verwaltung (SM, S. 244). Dabei kommen aber jene Machtverhältnisse zu kurz, denen die Mehrheit der Bevölkerung ausgesetzt ist, vor allem die Verhältnisse in den ökonomischen Betrieben. Zu den Widerstandskämpfen gegen die Macht zählt Foucault insbesondere die Kämpfe gegen die Macht »als solche«, etwa die der Ärzte und ihre Macht »über Leben und Tod der Menschen«, die Kämpfe der Individuen für »das Recht auf Anderssein«, die Kämpfe »gegen die Privilegien des Wissens« und schließlich die Kämpfe gegen die Gewalt des Staates. In Foucaults Wahrnehmungswelt ist die Staatsgewalt »die wissenschaftliche oder administrative Inquisition, die unsere Identität festlegt« (SM, S. 244 f.).

Wie stark sich Foucault selbst von den beobachteten Strukturen berührt glaubt, tritt an vielen Stellen hervor. Er zeichnet das Bild einer umfassenden Bedrohung durch öffentliche Institutionen wie Kliniken, Psychiatrien oder Verwaltungen, die es darauf abgesehen haben, die Individuen zu kontrollieren und zu reglementieren. In dieser Blickrichtung berührt er sich entfernt mit Steven Lukes, der davon ausgeht, die Macht sorge dafür, dass die Menschen ihre eigenen Interessen nicht erkennen. Die meisten glauben zwar, in einer offenen Gesellschaft zu leben und über sich selbst bestimmen zu können, während in Wahrheit ihre Wünsche und Hoffnungen von der Macht manipuliert werden.[178] Wie die meisten Machttheoretiker meint Foucault, es könne keine Gesellschaft ohne Machtbeziehungen geben (SM, S. 258). Die Vorstellung einer machtfreien Gesellschaft hält er mit den meisten für utopisch, ja für illusionär, da die Machtbeziehungen für ihn »im gesamten gesellschaftlichen Geflecht« wurzeln (SM, S. 260). Dabei vermitteln seine Ausführungen häufig den Eindruck, als würde es sich hier um eine Art Substanz handeln.

In *Überwachen und Strafen* beschreibt Foucault die Entstehung des Gefängnisses durch die massenhafte Einführung der Gefängnisstrafen im 19. Jahrhundert. Er meint, die Ausbreitung der Gefängnisstrafe korrespondiere damit, dass sich die gesamte Gesellschaft in jener Zeit in einen »Kerker-Archipel« verwandelte.[179] Das Gefängnis sei daher ein Abbild eines Mechanismus, der die ganze Gesellschaft durchziehe, sich in allen ihren Bereichen durchsetze und sie in eine »Disziplinargesellschaft« verwandele. Wenn aber die gesamte Gesellschaft ein Kerker ist, warum versuchen die meisten Menschen dann zu vermeiden, ins Gefängnis zu kommen? Offenbar unterscheidet sich das Gefängnis von seiner Außenwelt. Andernfalls würde es sich nicht lohnen, das Gefängnis zu meiden.

Foucault schildert in seinem Buch Disziplinierungstechniken, Techniken der Mechanisierung von Handlungsabläufen, der Kontrolle und der Überwachung, die in der Einrichtung eines sogenannten Panopticons gipfeln. Dieses Modell entwarf der britische Philosoph Jeremy Bentham (1748–1832) für den Bau von

Gefängnissen und Anstalten. Das Panopticon verkörpert für Foucault das perfekte Modell der lückenlosen Überwachung und Kontrolle, da alle Gefängniszellen für die Aufseher jederzeit einsehbar sind.[180] Dass das Vorhaben aber gar nicht realisiert wurde, war ihm offenbar nicht bekannt;[181] es wurde 1811 abgebrochen. Foucaults These lautet, das Überwachungssystem habe das Gefängnis längst verlassen, sich über die ganze Gesellschaft ausgebreitet und sei zu einem System allgegenwärtiger Kontrolle mutiert. Wir leben heute inmitten eines Panopticons, »eingeschlossen in das Räderwerk der panoptischen Maschine, das wir selber in Gang halten – jeder ein Rädchen«[182].

Diese Wahrnehmung ist heute weit verbreitet, vor allem angesichts der Entwicklung digitaler Technologien, die für das Sammeln und Auswerten von Datenmengen eingesetzt werden und die Einrichtung ungeahnter Überwachungssysteme ermöglichen. Foucaults Beschreibungen wirken in dieser Hinsicht sehr aktuell – wie Visionen späterer technologischer Entwicklungen. Dieser Blick verbindet ihn mit Max Weber, bei dem sich bereits ähnliche misstrauische Prognosen einer unfreien Zukunft finden. Foucaults Texte haben gleichwohl immer wieder Kritik hervorgerufen, die sich insbesondere auf die unklare Position, die innere Widersprüchlichkeit und die mangelnde Plausibilisierung richtet, etwa bei Nancy Fraser oder Charles Taylor.[183] Diese Kritik steht der literarischen Kraft seiner Darstellungen und ihrer großen Wirkung in den Geistes- und Sozialwissenschaften gegenüber.

6.3 Pastoralmacht und Gouvernementalität

Foucault meint, die Widerstandskämpfe, die er beschreibt, würden sich weniger gegen bestimmte Institutionen richten als vielmehr gegen eine bestimmte Machttechnik, die die Individuen in Subjekte verwandele. Dabei bezeichnet das Wort Subjekt für ihn einerseits »das Subjekt, das der Herrschaft eines anderen unterworfen ist«, und andererseits »das Subjekt, das durch Bewusstsein und Selbsterkenntnis an seine eigene Identität gebunden ist. In beiden Fällen suggeriert das Wort eine Form von Macht, die unterjocht und unterwirft« (SM, S. 245). Heute stehe nicht mehr der Kampf gegen Unterdrückung und Ausbeutung auf der Tagesordnung, sondern der Kampf »gegen die Unterwerfung der Subjektivität« (SM, S. 246), wobei hier unklar bleibt, wie die »Subjektivität« durch die Macht konstruiert wird und was überhaupt unter »Subjektivität« zu verstehen ist. Foucault identifiziert nur die Instanz, die diese Unterwerfung praktiziere: der Staat. Er meint, der Staat habe sich seit dem 16. Jahrhundert in eine »totalisierende Form von Macht« verwandelt, die sich in den »Köpfen der Menschen« eingenistet habe, um sie zu disziplinieren (SM, S. 247f.).

Das Bild des omnipotenten, allmächtigen Staates ist nicht nur bei Foucault, sondern in weiten Teilen der Literatur sehr präsent – als Feindbild. Man stellt sich den Staat als ein Machtgebilde vor, das nur darauf gerichtet sei, die Bürger zu überwachen und zu strafen. So wie Foucault den Staat als eine disziplinierende Macht sieht, glaubt auch der dänische Sozialwissenschaftler Jens Bartelson, unser ganzes Denken sei durch den Staat konditioniert, so dass wir uns eine politische Ordnung gar nicht mehr ohne ihn vorstellen könnten.[184] In den Augen des Soziologen Wolfgang Sofsky ist der Staat ein repressiver Machtapparat, der es nur darauf abgesehen habe, die Freiheit der Individuen einzuschränken, ja zu vernichten.[185] Wie die Autoren vergangener Jahrhunderte stellen sich viele heutige Autoren den Staat als ein Gebilde vor, das über den Menschen stehe, ja sogar mit einem eigenen Willen ausgestattet sei. Diese Vorstellung ist jedoch der staatlichen Realität nicht angemessen. Der Staat besteht aus einer Vielzahl öffentlicher Aufgabenträger und Handlungskomplexe, ist also kein monolithisches Gebilde und verfügt auch nicht über einen autonomen Willen. Die Annahme, es gebe ein Machtzentrum, das die gesamte Gesellschaft steuern würde, scheint demgegenüber atavistisch.

Schon Thomas Mann konnte über eine solche Vorstellung des Staates nur lächeln. Er erzählt in seinen *Betrachtungen eines Unpolitischen*: »Als Knabe personifizierte ich mir den Staat gern in meiner Einbildung, stellte ihn mir als eine strenge, hölzerne Frackfigur mit schwarzem Vollbart vor, einen Stern auf der Brust und ausgestattet mit einem militärisch-akademischen Titelgemisch, das seine Macht und Regelmäßigkeit auszudrücken geeignet war: als General Dr. von Staat.«[186] Diese Vorstellung reflektiert das Staatsbild einer Epoche, in der der Staat das Synonym für die Macht schlechthin war.

An Foucaults Deutung des modernen Staates als »totalisierender Form von Macht« ist so viel richtig, als dass es sich hier um eine neuartige Herrschaftsform handelt, die einen totalisierenden Anspruch erhebt, indem sie alle anderen Ordnungen ihrer Aufsicht unterwirft. Man kann jedoch nicht behaupten, dass der moderne Staat auch die *Macht* »totalisieren« würde. Im Gegenteil, er ist elementar darauf gerichtet, die verschiedenen Machtsphären zu trennen: öffentlich und privat, weltlich und religiös, staatlich und nicht-staatlich. Es sind diese Separierungen, die den modernen Staat kennzeichnen und ihn von anderen Herrschaftsformationen unterscheiden.

Foucault gewinnt seine Beschreibungen zumeist aus Betrachtungen der Mikroebene, aus Akten von Gefängnissen, Kliniken und Psychiatrien. Da seine Theorie, wie Thomas Lemke sagt, zu sehr auf die Untersuchung »lokaler Praktiken« ausgerichtet sei, »vernachlässigte sie tendenziell die Frage nach der spezifischen Bedeutung des Staates und seine strategische Rolle bei der Herausbildung allgemeiner Herrschaftsstrukturen«[187]. Diese Kritik ist zutreffend. So wie die soziologische Besonderheit des modernen Staates bei Foucault undeutlich bleibt, beruht auch seine Theorie der »Pastoralmacht« auf personalistischen Vorstellungen. Foucault meint, der moderne Staat habe mit der »Pastoralmacht« eine alte Machttechnik aufgegriffen, »die in den christlichen Institutionen entstanden war« (SM, S. 247). Der Staat tritt in dieser Beschreibung wie eine riesenhafte Person in Erscheinung, die mit einem eigenen Willen ausgestattet ist und in die Asservatenkammer geht, um dort eine alte Herrschaftstechnik zu reaktivieren. Ist aber die Vorstellung einer solchen Instanz, die planvoll-strategisch wie ein Individuum agieren würde, überhaupt realistisch? Foucault glaubt, die »Pastoralmacht« wolle »das Seelenheil des Einzelnen im Jenseits sichern«; diese Macht lasse sich »nur ausüben, wenn man weiß, was in den Köpfen der Menschen vor sich geht«, wenn man »ihre intimsten Geheimnisse« kennt und ihr Bewusstsein »zu lenken vermag« (SM, S. 247f.).

Der Staat erscheint hier als eine Aufsichtsperson, die in die Köpfe der Menschen schaut und ihre Gedanken steuert. Hinter dieser Vorstellung steht zum einen ein irreal personalistisches Bild des Staates. Zum anderen aber verweist sie auf einen realen historischen Entwicklungsschritt. Denn die Praxis des modernen Staates richtete sich zunehmend auf das Wohl der Individuen, und dies zuweilen ziemlich exzessiv. Mit dieser Praxis verbindet sich vor allem der »Policeystaat« des 18. und 19. Jahrhunderts[188] sowie der spätere Wohlfahrtsstaat. Dessen spezifisch christliche Wurzeln und Motive sind evident. Foucault kann jenem sorgenden Staat jedoch nichts Positives abgewinnen. Er meint, die von ihm so genannte »Pastoralmacht«, die sich über Jahrhunderte auf die gesamte Gesellschaft ausgebreitet habe, sei eine »Taktik«, die für die Machtausübung in Medizin, Psychiatrie und Bildungswesen typisch sei, eine Technik, die das Gewissen der Individuen als innere Kontrollinstanz aufbauen will, um sie zu disziplinieren (SM, S. 249).

Bereits Norbert Elias hat den Prozess der Sozialdisziplinierung in seinem epochalen Werk *Über den Prozeß der Zivilisation* beschrieben und farbenreich analysiert.[189] Elias beschreibt in diesem Werk nicht nur, wie die Gewalt immer mehr zentralisiert und monopolisiert wurde, sondern auch, wie die Sitten und Gebräuche immer förmlicher wurden und wie sich parallel hierzu eine Entwicklung vom Fremdzwang zum Selbstzwang abspielte: Dass die Individuen lernen, sich selbst zu disziplinieren; dass aus der äußeren Disziplinierung eine innere wird. Man lernt, sich zu beherrschen. Dieser Prozess ist für Norbert Elias ebenso elementar wie folgenreich und im Übrigen keineswegs etwas Negatives. Für ihn wie für die meisten Menschen ist es eine beruhigende Vorstellung, in einer Gesellschaft zu leben, in der die meisten ihre Affekte unter Kontrolle haben. Foucault jedoch sieht hier dunkle Mächte am Werk. Für ihn ist die Gesellschaft eine »Disziplinargesellschaft«, die aus einem großen »Kerkersystem«, einem »Kerkernetz« bestehe.[190]

Das klingt martialisch, indes finden sich bei Foucault auch gegenteilige Positionen, die seinen Befund relativieren: »Die zunehmende Disziplinierung der europäischen Gesellschaften seit dem 18. Jahrhundert bedeutet natürlich nicht, dass die Individuen innerhalb dieser Gesellschaften immer gehorsamer würden. Und auch nicht, dass die Gesellschaften nun bald Kasernen, Schulen oder Gefängnissen glichen.« (SM, S. 254) Eben dies hatte er zuvor noch behauptet.

Foucault meint, dass die Machtbeziehungen zunehmend vom Staat kontrolliert und »gouvernementalisiert« würden (SM, S. 260 f.). Er hält das Wort »Führung« für am besten geeignet, um das Spezifische der Machtbeziehungen zu erfassen. Das Wort hat für ihn einen Doppelsinn. Es bedeute einerseits »lenken«, andererseits sich »aufzuführen, also sich in einem mehr oder weniger offenen Handlungsfeld zu verhalten. Machtausübung besteht darin, [...] Einfluss auf die Wahrscheinlichkeit von Verhalten zu nehmen.« Die Belange der Führung gehören für Foucault daher »weniger in den Bereich der Auseinandersetzung zwischen Gegnern [...], sondern in den Bereich der ›Regierung‹ in dem weiten Sinne, den das Wort im 16. Jahrhundert besaß. Damals bezog es sich nicht nur auf politische Strukturen [...], sondern meinte auch die Lenkung des Verhaltens von Individuen und Gruppen: von Kindern, Seelen, Gemeinschaften, Familien, Kranken.« Es bezeichnete also auch Handlungsweisen, die darauf zielten, »die Handlungsmöglichkeiten anderer Individuen zu beeinflussen« (SM, S. 256).

Entsprechend verwendet Foucault den Begriff der »Regierung«, der in der zweiten Hälfte der 1970er Jahre immer häufiger in seinen Vorlesungen auftaucht,[191] in einem sehr weiten Sinn, der sich vom allgemeinen Wortgebrauch unterscheidet. Er bezeichnet nicht nur die Steuerung politischer Einheiten, sondern auch und gerade das »Führen von Menschen« und das »Sich-selbst-Regieren«, eine Praxis, die er mit einem Neologismus von Roland Barthes[192] als *gouvernementalité* bezeichnet, einer Adjektivsubstantivierung von *gouvernemental*: die Regierung betreffend.[193] Dieser Begriff steht Pate bei seinem Konzept der Gouvernementalität, in dem es darum geht, Machtbeziehungen aus der Perspektive des Führens zu beschreiben.[194]

Der späte Foucault legt großen Wert auf die Feststellung, die Existenz einer Machtbeziehung setze notwendig einen Spielraum von Handlungsmöglichkeiten voraus. »Macht kann nur über ›freie Subjekte‹ ausgeübt werden [...] Wo die Bedingungen des Handelns vollständig determiniert sind, kann es keine Machtbeziehung geben [...] Macht und Freiheit schließen einander also nicht aus [...] In diesem Verhältnis ist Freiheit die Voraussetzung für Macht.« (SM, S. 257). Hier meint man die Stimme Niklas Luhmanns zu hören, für den Macht eine soziale Beziehung ist, »in der *auf beiden Seiten anders gehandelt werden könnte*« (GG, S. 117), oder die Stimme Hannah Arendts, für die jedes Machtverhältnis die Freiheit zum Anders-handeln-Können voraussetzt, andernfalls würde kein Machtverhältnis vorliegen.[195]

Foucault stimmt mit der herrschenden Meinung insofern überein, als es für ihn keine Gesellschaft, kein soziales Leben ohne Machtbeziehungen geben kann. Wenn Macht aber die *conditio sine qua non* des sozialen Lebens ist und überdies Freiheit zur Voraussetzung hat, wie kann sie dann einen bloßen ›Kerker-Archipel‹ repräsentieren? Diese Frage scheint sich auch der späte Foucault gestellt zu haben. Die Macht erscheint nunmehr in einem anderen Licht, nämlich als etwas »Produktives« und »Positives«, und er beginnt die »positiven Mechanismen« der Macht zu beschreiben.[196] Er behält zwar den subversiven Gestus bei, verspottet aber nunmehr diejenigen, die in der Macht ein Übel sehen.[197]

Damit schließt Foucault an jene Linie an, die sich seit dem späten Nietzsche durch die moderne Machttheorie zieht, und wendet sich gegen die Vorstellung, Macht sei immer repressiv und unterdrückend. Nunmehr ist sie für ihn ein »Spiel ungleicher und beweglicher Beziehungen« (WW, S. 94). »Man muß aufhören, die Wirkungen der Macht immer negativ zu beschreiben, als ob sie nur ›ausschließen‹, ›unterdrücken‹ [...] würde. In Wirklichkeit ist die Macht produktiv.«[198] Foucault widmet sich in seinen letzten Jahren dezidiert der Mission, jene produktive Seite der Macht hervorzuheben. Er ist einer der prominenten Vertreter einer Strömung in der neueren Machttheorie, die sich vehement gegen ein einseitig negatives Machtverständnis wendet. Er erblickt das Wesen der Macht jetzt darin, dass sie »die Körper durchdringt, Dinge produziert, Lust verursacht, Wissen hervorbringt, Diskurse produziert«;[199] »daß Macht und Wissen einander unmittelbar einschließen; daß es keine Machtbeziehung gibt, ohne daß sich ein entsprechendes Wissensfeld konstituiert, und kein Wissen, das nicht gleichzeitig Machtbeziehungen voraussetzt und konstituiert«[200]. Foucault will die Macht daher »als ein produktives Netz auffassen, das den ganzen sozialen Körper überzieht und nicht so sehr als negative Instanz, deren Funktion in der Unterdrückung besteht«[201].

In einem Interview, wenige Monate vor seinem Tod, weist er nicht nur Habermas' Kommunikationstheorie als utopisch zurück, sondern auch Sartres These von der Macht als einem Übel: »Die Macht ist nicht das Böse. Macht heißt: strategische Spiele. Man weiß sehr wohl, daß die Macht nicht das Böse ist. Nehmen Sie zum Beispiel sexuelle oder Liebesbeziehungen: In einer Art offenen strategischen Spiels, worin sich die Dinge umkehren können, über den anderen Macht auszuüben, ist nichts Schlechtes, das ist Teil der Liebe, der Leidenschaft, der sexuellen Lust.«[202]

Auch die späten Texte und Interviews Foucaults lassen also ein sehr weites Verständnis der Macht erkennen. Wenn sie hier nur noch als ein »strategisches Spiel« verstanden wird, dann handelt es sich nicht einmal mehr um Steuerung, denn in einem Spiel lassen sich die Positionen genauso gut umkehren. Hier erweist sich erneut, dass Foucault sehr viele Dinge als Macht bezeichnet. Kritiker haben daher das Fehlen begrifflicher Differenzierungen moniert, etwa zwischen verschiedenen Formen der Macht oder zwischen Macht und Herrschaft.[203] In der Tat würde eine Differenzierung es ermöglichen, etwa zwischen repressiven und produktiven Aspekten systematisch unterscheiden zu können. Foucault selbst betont an einer Stelle: »*Die* Macht gibt es nicht«,[204] aber er zieht daraus keine Konsequenzen.

Offen bleibt am Schluss auch eine normative Frage. Wenn Macht nur ein »strategisches Spiel« ist, warum sollte man sich dann die Mühe machen, sie in Form von Gewaltenteilung oder

Grundrechten institutionell zu begrenzen? Warum sollte man sich dann den Machtanmaßungen widersetzen? Hier bleibt Foucaults Position, wie seine Kritiker einwenden, normativ indifferent.[205]

7. Niklas Luhmann: Macht als Code

Der Soziologe Niklas Luhmann ist unter den in diesem Band behandelten Autoren der nach Max Weber wichtigste sozialwissenschaftliche Theoretiker. Seine Machttheorie ist Teil seiner ebenso umfassenden wie artifiziellen Systemtheorie. Im Unterschied zu dieser *grand theory* ist seine Biographie weit weniger spektakulär, obwohl es zwischen Leben und Werk durchaus Korrespondenzen gibt. Nach seinem Jurastudium in Freiburg arbeitete Niklas Luhmann (1927–1998) zunächst in seiner Heimatstadt Lüneburg als Verwaltungsjurist und machte in den 1950er Jahren eine rasche Karriere als Oberregierungsrat im niedersächsischen Kultusministerium, bevor er sich 1960 vom Dienst beurlauben ließ, um mit einem Stipendium für ein Jahr nach Harvard zu gehen. Dort studierte er u.a. bei Talcott Parsons, zu jener Zeit der Papst der Systemtheorie. Nach seiner Rückkehr nach Deutschland ging Luhmann nicht mehr in den Verwaltungsdienst zurück, sondern wechselte an die Verwaltungshochschule in Speyer, bevor er an die Sozialforschungsstelle der Universität Münster ging, einer Universität, an der er 1966 in einem bis heute viel bestaunten Blitzverfahren promovierte und sich nur wenige Monate danach habilitierte.

Nachdem er zwei Jahre später als erster Professor überhaupt an die sich in der Gründung befindende Universität Bielefeld berufen wurde, begann er dort seine Systemtheorie zu entwickeln, die ihn rasch zu einem der einflussreichsten Sozialwissenschaftler machte. Zu seinem imponierenden Werk, das mehr als zwei Dutzend Bücher und Hunderte von Aufsätzen umfasst, gehören insbesondere die Arbeiten über die einzelnen gesellschaftlichen Systeme, etwa über *Das Recht der Gesellschaft*, *Die Politik der Gesellschaft*, *Die Wirtschaft der Gesellschaft*, *Die Wissenschaft der Gesellschaft* oder *Die Religion der Gesellschaft*.

Man kann Luhmanns Systemtheorie als den Versuch verstehen, die Funktionsweise all dieser Ordnungen – Recht, Wirtschaft oder Wissenschaft – auf einer sehr abstrakten Ebene begreiflich zu machen. Wie stark das generelle Interesse an Ordnungen bereits beim jungen Luhmann ausgeprägt war, wird in seiner Bemerkung zur Entscheidung für sein Studienfach deutlich: »Auf Jura bin ich gekommen, weil ich das Gefühl hatte, das ist eine Möglichkeit, Ordnung zu schaffen in dem Chaos, in dem man lebte.«[206] Dieses Ordnungsinteresse begleitete ihn auch in seine beiden Arbeitsfelder, zunächst im Verwaltungsdienst und später in seiner Theoriearbeit. Hier kommt das Ordnungsmoment bereits in der Arbeitstechnik zum Ausdruck. Luhmann hatte über Jahrzehnte ein legendäres System von Zettelkästen angelegt, ein System von Quellen, Zitaten und Verweisen, die als Grundbausteine seiner Bücher dienten.[207]

Als Systemtheoretiker besteht die Gesellschaft für Luhmann nicht – wie etwa für Max Weber oder Heinrich Popitz – aus einer Gesamtheit von Menschen, sondern nur aus Kommunikationen. Daraus ergeben sich weitreichende Folgen, die sich nicht nur in seiner technisch wirkenden Begrifflichkeit zeigen. Die Kommunikation erfolgt in Systemen – wie Recht, Politik oder Wirtschaft –, die dadurch existieren, dass sie mit ihrer jeweiligen Umwelt kommunizieren, und zwar durch symbolisch generalisierte Kommunikationsmedien, die durch sogenannte *Codes* gesteuert werden. Die Systeme sind autopoietisch, das heißt, sie bestehen aus den Elementen, die sie selbst produzieren. Jedes System hat seinen eigenen Code. In der Wirtschaft etwa lautet der Code rentabel/unrentabel, im Rechtssystem lautet der Code rechtmäßig/rechtswidrig. Die Verschiedenheit der Codes führt indes häufig zu Friktionen. Ein Campaigner bei Greenpeace zum Beispiel, der einen Konzern daran hindern möchte, Dünnsäure in der Nordsee zu verklappen, argumentiert: »Das schädigt unsere Umwelt!« Der Konzernsprecher indes antwortet ihm: »Ihre Aktion gefährdet Arbeitsplätze!« Die Codes sind verschieden. Über dieses Thema hat Luhmann das lesenswerte Buch *Ökologische Kommunikation* geschrieben. Selbst ein so – vermeintlich – sinnliches Thema wie die Liebe verwandelt sich bei ihm in einen *Code*: Sein Buch *Liebe als Passion* heißt im Untertitel *Zur Codierung von Intimität.*[208]

7.1 Macht als Kommunikationsmedium

Ganz ähnlich verhält es sich auch beim Thema Macht. Sie ist für Luhmann ein Code, der Kommunikationen steuert: ein »symbolisch generalisiertes Kommunikationsmedium« (Mt, S. 4 ff.). Die Frage ist: Was bedeutet das? Ein Machtverhältnis kommt für Luhmann überhaupt nur dann zustande, »wenn das Verhalten der Beteiligten sich einem symbolischen Code zuordnet, der eine Situation als Machtsituation beschreibt«. Das Medium Macht hat in erster Linie steuernde und stabilisierende Wirkung; es ermöglicht politische Entscheidungen, es reguliert die Kommunikation einzelner Systembestandteile und es schützt das System vor Interventionen von außen (GG, S. 218). Ganz ähnlich wie bei Heinrich Popitz und Hannah Arendt gibt es auch für Luhmann ohne Macht keine politische Gemeinschaftsbildung. Nach seinem Verständnis ermöglicht Macht überhaupt erst die Existenz von Systemen. Man kann es auf die Formel bringen: Ohne Machtbildung keine Systembildung (MS, S. 481). Daher ist es nur konsequent, wenn Luhmann zu denjenigen gehört, die eine Lanze für ein positives Machtverständnis brechen. Er hebt demgegenüber ihre funktionalen Qualitäten hervor, zu denen insbesondere ihre Leistung gehöre, Entscheidungsfähigkeit herzustellen und »Ordnung aufrechtzuerhalten« (PG, S. 18).

Niklas Luhmanns Aufsatz über *Gesellschaftliche Grundlagen der Macht* beginnt mit einer lapidaren Feststellung: Macht sei »eine soziale Beziehung, in der *auf beiden Seiten anders gehandelt werden könnte*« (GG, S. 117). Wenn er das Machtverhältnis als »soziale Beziehung« versteht, knüpft er an Max Webers Machtdefinition an, allerdings, um sie an der Spitze umzubiegen und ihr eine ganz neue Richtung zu geben. Der entscheidende Punkt ist bei Luhmann das *Auch-anders-handeln-Können*. Dieses *Auch-anders-handeln-Können* bezeichnet er auch als Kontingenz, ein Schlüsselbegriff seiner Systemtheorie. In seiner Machttheorie ist insbesondere die sogenannte »doppelte Kontingenz« wichtig: »Macht kommt demnach nur zustande unter der Bedingung *doppelter Kontingenz* auf beiden Seiten der Beziehung. Das heißt: Sowohl für den *Machthaber* als auch für den *Machtunterworfenen* muß die Beziehung so definiert sein, daß beide anders handeln können.« (GG, S. 128)

Wie bei Foucault ist die Macht auch für Luhmann kein asymmetrisches Verhältnis. Bei ihm gibt es niemanden, der seinen Willen gegen den eines anderen durchsetzt. Einen rein handlungstheoretischen Ansatz hält Luhmann für unzureichend, da man lediglich das bloße Faktum der Unterordnung eines Willens unter den eines anderen Willens feststellen könne, aber nicht das Motiv der Unterordnung. Damit berührt Luhmann das Problem der Kausalität des Handelns. Dieses Problem war in der Tat in der klassischen Soziologie, etwa bei Max Weber, ungelöst geblieben. Wenn Weber die Macht als Chance definiert, in einer sozialen Beziehung seinen Willen »auch gegen Widerstreben durchzusetzen, gleichviel worauf diese Chance beruht« (WuG, S. 28), dann tritt in dem Wort »gleichviel« das ganze Problem zutage. Die Ursache der Fügsamkeit bleibt offen. Für Weber war dies der Grund dafür, den Machtbegriff als »soziologisch amorph« beiseitezuschieben und sich stattdessen dem präziseren Begriff der Herrschaft zu widmen.

Angesichts der theoretischen Lage ändert Luhmann kurzerhand die Blickrichtung. Er wendet sich strikt gegen einen Machtbegriff, der auf Kausalität gerichtet wäre oder auf den Willen eines Machtausübenden, da eine solche Machtanalyse sich dann »an die Beobachtungsweise des Machthabers bzw. des Machtunterworfenen anschließen« müsste und nur noch zur Debatte stehe, »ob Macht wirklich eine Art innere Potenz, eine Art ›Kraft‹ des Machthabers sei, die man an seinen Ressourcen ablesen könne, oder ob Macht nicht vielmehr erst durch die Gehorsamsbereitschaft der Unterworfenen erzeugt werde« (PG, S. 26 f.).

Beide Annahmen aber hält Luhmann für naiv. Denn man könne »nicht davon ausgehen, daß die Welt selbst schon kausal disponiert« sei (PG, S. 23). Er greift stattdessen auf einen Befund aus der Psychologie zurück, »wonach Verhaltenskausalität immer abhängig ist von selektiven Prozessen der [...] Zurechnung von Wirkungen auf Ursachen«, also nicht voraussetzungslos sein kann. Luhmann geht deshalb davon aus, »daß Macht nur erkennbar und nur praktizierbar ist, wenn das Verhalten der Beteiligten sich einem symbolischen Code zuordnet, der eine Situation als Machtsituation beschreibt. Macht ist also immer dann und nur dann gegeben, wenn die Beteiligten ihr Verhalten durch Bezug auf ein entsprechendes Kommunikationsmedium definieren.« Dies führt ihn dazu zu sagen: Macht ist ein »symbolisch generalisiertes Kommunikationsmedium« (GG, S. 118; Mt, S. 4 ff.).

Diese Definition wird den meisten zunächst spanisch vorkommen. Sie birgt jedoch eine ebenso interessante wie artifizielle Sichtweise, die überdies zu den wichtigsten Machtkonzepten der Gegenwart gehört. Grundlegend für Luhmanns Ansatz ist zunächst, sich von einer handlungstheoretischen Perspektive abzugrenzen: »Wenn man den Grundbegriff der Handlung durch den Grundbegriff des Systems ersetzt, gewinnt man eine Theorie mit höherem Potential für Komplexität.«[209] Bevor ich auf die Bedeutung der Kommunikation für die Machtausübung zurückkomme, wird zunächst das Verhältnis von Macht und Gewalt vorgestellt.

7.2 Macht und Gewalt

Die »primäre gesellschaftliche Machtquelle« ist für Luhmann die »Kontrolle über sicher überlegene physische Gewalt« (GG, S. 119 f.). Damit stellt er, wie die meisten Machttheoretiker, einen Zusammenhang von Macht und Gewalt her. Für ihn ist die Voraussetzung der Domestizierung der Gewalt die »Kasernierung physischer Gewaltmittel. Es werden in Form von Militär und Polizei Spezialisten für physische Gewaltanwendung bereitgehalten.« (MS, S. 477) Hier knüpft Luhmann an den Befund Max Webers an, der bereits die Bedeutung der Isolierung der Gewalt für die Entwicklung des modernen Staates zeigte und die Monopolisierung der physischen Gewalt sogar als entscheidendes Kriterium des Staates definierte (WuG, S. 29). Darin folgt ihm Luhmann. Für ihn beruht nicht nur der Staat, sondern das ganze gesellschaftliche Leben auf der »Kontrolle physischer Gewalt«. Ihre Monopolisierung ist für ihn die »Grundlage von Recht und Politik und damit unentbehrlich für gesellschaftliches Zusammenleben« überhaupt (GG, S. 120).

Luhmanns Betrachtungen zum Verhältnis von Macht und Gewalt beginnen zunächst ganz euphemistisch, wenn er sagt, die Drohung mit physischer Gewalt sei in gewisser Weise »allen anderen Machtmitteln überlegen«: Sie sei erstens »universeller verwendbar, das heißt weitgehend unabhängig von Zeitpunkt, Situation, persönlichen Eigenschaften«; habe zweitens »eine sehr hohe, gut abschätzbare Leistungsgrenze, das heißt die Grenze liegt erkennbar hoch, an der der Betroffene sich nicht mehr fügt, sondern sich auf einen wahrscheinlich aussichtslosen Kampf einläßt«; und sie sei drittens »von Systemstrukturen weitgehend unabhängig« (MS, S. 477).

Diese Beschreibung liest sich auf den ersten Blick wie eine Werbebroschüre für Gewaltanwendung, was selbstverständlich nicht der Fall ist, auch wenn Luhmann sich in einem betont technischen Machtverständnis gefällt. Wer die Macht als ein »symbolisch generalisiertes Kommunikationsmedium« versteht, für den gehört die Gewalt nicht in den Köcher der Machtmittel. Entscheidend ist hier ein gewissermaßen technischer Gesichtspunkt. Denn im Moment der Gewaltanwendung entfallen alle anderen Möglichkeiten des Einsatzes von Machtmitteln. Auch für Luhmann ist die Macht zwar durch »negative Sanktionen« codiert, aber an deren Realisierung können »*beide* Seiten« nicht interessiert sein. Die Androhung negativer Sanktionen sei vielmehr nur so lange wirksam, wie sie nicht realisiert werde. Daher sei auch die Ausübung physischer Gewalt eigentlich »keine Anwendung von Macht, sondern Ausdruck ihres Scheiterns« (GG, S. 119). Die physische Gewalt sei der »Nullpunkt sozialer Ordnung«, weil sie »den Zustand praktischer Alternativenlosigkeit bezeichnet, in dem nichts mehr gewählt, also auch keine Macht ausgeübt werden kann. Mit der Anwendung physischer Gewalt scheitert zugleich die Macht.« (MS, S. 477)

Luhmann argumentiert hier ganz ähnlich wie Hannah Arendt, die auch davon überzeugt ist, dass Gewalt gar keine Form von Macht sei und der Gewaltausübende eigentlich gar keine Macht habe (Va, S. 196). Hannah Arendt glaubte daher, die Macht sei dort am größten, wo sie ganz ohne Gewalt und Gewaltdrohung auskomme. Zu dem gleichen Schluss kommt auch Luhmann, wenn auch aufgrund ganz anderer Prämissen. In der Tat scheint die Vorstellung durchaus plausibel, dass Macht weitaus wirkungsvoller ist, wenn sie ohne Gewalt auskommt. Wer seine Macht mit Gewalt oder mit Gewaltdrohungen durchsetzen muss, lässt eher eine Schwäche erkennen.

Eben diese Einsicht würde auch perfekt zu der Strategie internationaler krimineller Vereinigungen passen, die darum bemüht sind, den Einsatz von Gewaltmitteln zu vermeiden, da andernfalls die Geschäftsbeziehungen gestört werden. Es spricht vieles dafür, dass Macht dort am mächtigsten ist, wo man gar nicht an sie denkt und sie vielleicht nicht einmal wahrnimmt. Die Macht ist zwar darum bemüht, sich symbolisch zu vermitteln und sich auch sinnbildlich einzuprägen, aber eine dauerhaft erfolgreiche politisch-gesellschaftliche Macht muss gar nicht offen zutage liegen. Je weniger sie auf Zwang und Gewalt angewiesen ist, desto stärker kann sie sein. Umgekehrt gilt: Je unscheinbarer der Machtcharakter einer Ordnung ist, desto erfolgreicher und stabiler kann sie langfristig sein.[210] Die Einsicht in die Überlegenheit der stillen Macht ist in der heutigen Literatur durchaus verbreitet. »Je mächtiger die Macht ist, desto stiller wirkt sie. Wo sie eigens auf sich hinweisen muß, ist sie bereits geschwächt.«[211] In empirisch-historischer Hinsicht ist diese Beobachtung plausibel. Die Imperien des 20. Jahrhunderts, die sich besonders martialisch gebärdeten, sind bereits von der Landkarte verschwunden. Wie bereits Hannah Arendt hält auch Niklas Luhmann die Gewaltanwendung letztlich für das Scheitern der Macht.

Luhmann geht jedoch noch einen Schritt weiter. Er stellt auch der Macht selbst keine rosige Zukunft in Aussicht, sondern meint, es deute »vieles darauf hin, daß im Wettlauf gesellschaftlicher Evolution der Machtmechanismus zu den Verlierern gehört – ähnlich wie die Gewalt« (MS, S. 480). Das ist eine kühne These. Wenn Luhmann recht hätte, dann würden Macht und Gewalt irgendwann von der Bildfläche verschwinden. Die Empirie spricht vorerst eine andere Sprache, nämlich die einer weltweiten Kontinuierung der Gewalt. Luhmann meint indes, dass »die Komplexität des Mediums Macht zu gering ist für eine evolutionär führende Rolle« (MS, S. 481), und begründet seine These mit der Erfahrung der »Machtlosigkeit der Machthaber«: »Der Vorgesetzte kann zwar befehlen, kann aber gerade dann, wenn er viel befehlen kann, nicht alles selbst im Detail anordnen. Er ist auf Kooperation seiner Untergebenen angewiesen, und auch darauf, daß man ihm sagt, was er befehlen soll. Seine Überlastung und seine Ratlosigkeit dienen anderen als Machtquelle.« (MS, S. 480)

Damit rückt Luhmann die Bedeutung der Stäbe und Berater in den Blick, ein Aspekt, der besonders anschaulich auch in Carl Schmitts *Gespräch über die Macht und den Zugang zum Machthaber* behandelt wird. Jede Ausübung von politischer Macht, jede Form von Regierung beruht auf einem bestimmten Informations- und Wissensstand, um Entscheidungen überhaupt treffen zu können. Selbst ein autokratischer Machthaber ist »auf Berichte und Informationen angewiesen und von seinen Beratern abhängig«, wie Carl Schmitt sagt. »Wer dem Machthaber einen Vortrag hält oder ihn informiert, hat bereits Anteil an der Macht [...] So wird jede direkte Macht sofort indirekten Einflüssen unterworfen.«[212] Dies gilt vermutlich mehr noch für die Machtausübung im digitalen Zeitalter, wo die Bedeutung der Stäbe noch gestiegen ist, zumal das Regieren zu einem immer komplizierteren Geschäft geworden ist.

7.3 Die Macht und die Kommunikation der Organisation

Dass die Gewalt im Laufe der historischen Entwicklung ihre ursprüngliche Bedeutung als dominierende Machtquelle verliert, hat für Luhmann mit dem Prozess der Monopolisierung der physischen Gewalt zu tun. Wenn die »Überlegenheit staatlicher Gewaltmittel auf einem Territorium einmal gesichert ist, übernimmt eine Vielzahl anderer Machtquellen die Führung der Entwicklung« (MS, S. 478). Welche Machtquellen aber sind das?

Luhmann rechnet zu diesen Machtquellen insbesondere einen scheinbar profanen Aspekt: die *Organisation*. Er sagt: »Macht wird in der modernen Gesellschaft [...] auf Grund von formaler Organisation ausgeübt.« (GG, S. 121) In seinen Erläuterungen zur Bedeutung der Organisation ist zu spüren, dass hier jemand schreibt, der seinen Weg in der Verwaltung begann und ihn anschließend in der Organisationssoziologie fortsetzte. Zum einen weiß er aus persönlicher Anschauung, inwiefern Macht aufgrund formaler Organisation ausgeübt wird; zum anderen weiß er aus der Beschäftigung mit Webers Bürokratietheorie, dass die wirkliche Macht im modernen Staat in den Händen der Verwaltung liegt. Luhmann sagt: »Alle Steigerung, sachliche Diversifikation und Verfeinerung von Macht ist heute auf formale Organisation angewiesen. Das gilt besonders für das Aufbauen langer und beständiger Machtketten [...] Organisation ist ein Mechanismus der Differenzierung und Verteilung von Macht.« (GG, S. 122) In seiner Wahrnehmung steigert sich die Bedeutung der Organisation als Machtquelle ins Universelle: »Kein Tyrann der Vergangenheit, kein angeblich absolut regierender Machthaber historischer Großreiche hat je nennenswerte Macht in diesem Umfange ausbilden können [...] Nicht einmal Terror ist eine gleichwertige Alternative für Organisation.« (MS, S. 479)

Die Sozialwissenschaften interessieren sich für Organisationen, da diese für die gesellschaftliche Struktur von elementarer Bedeutung sind. Soziologen charakterisieren die gegenwärtige Gesellschaft überhaupt als Organisationsgesellschaft. In Organisationen entscheidet sich alles. Die gesellschaftliche Bedeutung der Organisationen beruht nicht nur auf ihrer Quantität, sondern auch auf ihrer Eigenschaft als Machtquelle: »Organisationen bilden durch den zielgerichteten Zusammenschluss und die Bündelung von Kräften Handlungspotenziale aus, die individuellen Machtaspirationen durch die Verfügung über größere und andere Ressourcen weit überlegen sind.«[213] Das bedeutet: Wer an die Macht will, muss gut organisiert sein. Insbesondere für die Politikwissenschaft stehen die Fragen der Organisation im Zentrum des Interesses, da sie den gesamten politischen Prozess prägen. Wer in der Politik etwas erreichen will, muss sich organisieren. Politische Interessen sind nur dann durchsetzungsfähig, wenn sie in einer organisierten Weise vertreten werden. Aus diesem Grund besteht die Welt der Politik aus Organisationen: Parteien, Verbänden, Fraktionen, Vereinigungen.

Mit den Eigengesetzlichkeiten der Organisation ist Luhmann insbesondere auf dem Gebiet der Verwaltung bestens vertraut. Was man bei ihm über das Behördensystem von Sanktionen und Belohnungen, Gehaltsstufen und Stellenpläne lesen kann, verdankt sich zweifellos intimer Kenntnis und persönlicher Erfahrung. Dies gilt womöglich auch für seine Aussage über die Machtstruktur in Organisationen. Er sagt: »Die Macht wird der Spitze zugeschrieben, während in Wahrheit schwer durchschaubare Machtbalancen vorliegen.« (GG, S. 123) Damit berührt er den Unterschied zwischen der Binnenkommunikation der Behörde und ihrer Außenkommunikation. Wie alle ehemaligen Behördenchefs weiß auch Luhmann: Der Chef ist nur scheinbar mächtig. Aber er muss nach außen hin den Anschein wahren, als wäre er mächtig, weil andernfalls die Kommunikation nicht funktioniert. Der ehemalige Kulturstaatsminister Michael Naumann bringt seine Erfahrung im Amt auf die Formel: »Die Macht ist immer woanders.«[214]

Diese Erfahrung müssen viele Chefs machen. Für den Systemtheoretiker ist eine Organisation ein System, das mit seiner Umwelt kommunizieren muss. Hierzu benötigt die Organisation eine Spitze, die diese Kommunikation mit der Umwelt erst ermöglicht. Luhmann formuliert seinen Befund folgendermaßen: »Die Organisation muß nach außen hin die Machtattribution honorieren, denn andernfalls würde man in der Umwelt die Organisation nicht mehr als Ordnung sehen und behandeln können. Für Außenverkehr sind Simplifikationen erforderlich, die den Außenstehenden eine Behandlung der Organisation ermöglichen. Entsprechend muß das Machtprestige der Spitze gepflegt und geschont werden.« (GG, S. 124)

Das ist Luhmanns eigentliche Pointe. Das Machtprestige der Spitze muss gepflegt werden; sie muss dies nicht einmal selber tun, sondern kann es den Untergebenen überlassen, die diese Aufgabe willig und aus eigenem Interesse übernehmen. Daraus zieht Luhmann weitreichende Konsequenzen für die Kommunikation der Macht: »Die Macht muß ständig in Formen gebracht, muß ständig gezeigt werden; sonst findet sie niemanden, der an sie glaubt und ihr von sich aus, Machteinsatz antizipierend, Rechnung trägt. [...] Das Sichtbarmachen von Macht kann mehr symbolische oder mehr instrumentelle Wege nehmen. Im Regelfalle sind beide Formen notwendig. Die reine Symbolisierung erzeugt leicht den Eindruck, es handele sich um bloßen Schein, und verführt dazu, die Macht durch Provokation zu testen. Ein bloß instrumenteller Gebrauch von Macht führt zur Frage nach der ›Legitimation‹ des Machthabers.« (PG, S. 32)

Damit berührt Luhmann einen Punkt, der in der Geschichte der Machttheorien bereits öfters angesprochen wurde: dass schon der Anschein von Macht bestimmte Wirkungen auf das jeweilige Umfeld hat. Für Luhmann bleiben Machtzuschreibungen »nicht ohne Auswirkungen auf die tatsächlichen Machtverhältnisse« (GG, S. 124).

Um als mächtig zu gelten, muss man also nicht wirklich über Macht verfügen; es reicht aus, wenn man als mächtig angesehen wird. Die Evidenz dieser Tatsache kann jeder anhand seines eigenen Verhaltens in entsprechenden Situationen überprüfen. Man verhält sich in der Regel gegenüber jemandem, der als mächtig gilt, anders als gegenüber jemandem, von dem man dies nicht annimmt. Um ein Beispiel aus der Verlagswelt zu nehmen: Wenn der Bundeskanzler bei seinem Rundgang auf der Frankfurter Buchmesse in Begleitung seiner Bodyguards und seiner Entourage auf einen Verlagsstand zusteuert, verhält sich das anwesende Standpersonal anders als sonst gegenüber Messebesuchern. Selbst der Kaufmännische Geschäftsführer, der sonst immer ein grimmiges Gesicht macht, wird auf einen Schlag liebenswürdig. Unser Verhalten gegenüber Menschen, denen wir Macht zuschreiben, unterscheidet sich zumeist von dem Verhalten gegenüber anderen Personen. Wer als mächtig angesehen wird, bekommt sozusagen eine Prämie auf den Augenschein. Thomas Hobbes hat dies auf die oben bereits zitierte Formel gebracht: »Reputation of power, is Power.« »Im Ruf von Macht stehen ist Macht« (L, S. 66).

Luhmann bewegt sich also mit seinen systemtheoretischen Überlegungen letztlich auf den Pfaden von Hobbes. Man kann aus seinem Befund zwei Schlüsse ziehen. Erstens muss der als mächtig Geltende nicht unbedingt wirklich mächtig sein. Er muss nur in den seltensten Fällen wirklich einen Machtbeweis antreten; der bloße Anschein reicht aus. Zweitens ist es für jede Organisation wichtig, die Machtsymbolik zu kultivieren. Eben dieses Fazit zieht Luhmann, wenn er sagt, gegenüber den Außenstehenden müsse »das Machtprestige der Spitze gepflegt« werden (GG, S. 124). Er bezieht sich an dieser Stelle hauptsächlich auf die Kommunikation in Organisationen, aber das Prinzip gilt natürlich weit darüber hinaus. Denn alle Organisationen haben eine Umwelt, mit der sie kommunizieren müssen.

Auf einer anderen Ebene zeigt sich dies anschaulich in der Kommunikation von Staaten. Die gesamte Diplomatie und das Staatszeremoniell sind darauf zugeschnitten. Entsprechend waren und sind alle Staaten darum bemüht, ihr Machtprestige zu pflegen. Helmuth Plessner hat speziell von der Barockzeit gesagt, dass die Macht dort »an sichtbare Manifestation gebunden wurde. Der Barockfürst will seine Macht ›zeigen‹«[215]. Man wird jedoch ergänzen müssen, dass auch die Herrscher aller anderen Epochen daran interessiert waren und sind. Um sich einen Eindruck davon zu verschaffen, genügt ein Blick auf die Architektur von hauptstädtischen Residenzen.

Schlussbemerkung

Die Theorien der Macht ziehen sich wie ein roter Faden durch die Geschichte des politischen Denkens, von der griechischen Antike bis ins digitale Zeitalter. Die Reflexion vollzieht sich jedoch nicht unbedingt im Sinne einer evolutionären Entwicklung. Immerhin lassen sich zwei signifikante Prozesse erkennen: zum einen das Bemühen, verschiedene Formen der Macht zu unterscheiden, um das Phänomen analytisch besser in den Griff zu bekommen; zum anderen das Bemühen, Macht und Gewalt voneinander zu unterscheiden und ihr gegenseitiges Verhältnis genauer zu bestimmen. So gesehen gibt es eine, wenn auch oft unterbrochene, Entwicklung zu differenzierteren Theorien. Dabei reagieren die Theorien oft weniger auf zeitgeschichtliche Prozesse als vielmehr auf die theoretischen Herausforderungen und Zumutungen durch vorangehende Theorien.

Die meisten Positionen und Begriffe, die in diesem Band vorgestellt wurden, berühren zudem die Frage, inwieweit die Phänomene der Macht mit der menschlichen Natur zu tun haben. Gibt es eine Disposition, die zwangsläufig zur Bildung von Machtbeziehungen führt? Die Antworten auf diese Frage sind denkbar verschieden. Die Geschichte des anthropologischen Machtdenkens ist voller Brüche. Bis heute stehen die gegensätzlichsten Konzepte einander gegenüber. Aber so unterschiedlich die verschiedenen Theorien auch sind – im Bezug auf die Existenz der Macht kommen sie zu einem überraschend ähnlichen Befund. Ob Max Weber oder Helmuth Plessner, Arnold Gehlen oder Hannah Arendt, Michel Foucault oder Heinrich Popitz – für sie alle ist die Macht ein unausweichliches, konstantes Element menschlichen Handelns und menschlicher Beziehungen.

Man kann über die Theorien der Macht nicht sinnvoll sprechen, ohne die jeweiligen zeit- und ideengeschichtlichen Kontexte einzubeziehen. Es gibt nicht »die« Macht, die irgendwo schweben würde, um auf die Menschen einzuwirken. Was wir als Macht bezeichnen, tritt in verschiedenen Formen auf und ändert sich fortwährend. Eine pauschale Rede über »die« Macht mag zwar rhetorisch dankbar sein, trägt aber wenig zu einer sozialwissenschaftlichen Erkenntnis bei. Im parlamentarischen Verfassungsstaat mit seinen *checks and balances* stellen sich die Fragen anders als zu Hobbes' Zeit. Allerdings bleiben sie auch im Verfassungsstaat existenziell, da sie die gesamte Struktur des politischen Systems prägen.

Über die Funktionalität der Macht wird heute kaum mehr gestritten. Während noch vor einem halben Jahrhundert vielfach von der »Dämonie der Macht« die Rede war, erscheint die Macht in der heutigen Literatur jenseits solcher Zuschreibungen. Allgemein hat sich die nüchterne Position durchgesetzt, dass Politik ohne Macht kaum funktionieren würde. Darin könnte man sich nicht nur auf Niklas Luhmann berufen (Mt, S. 90 ff.), sondern auch auf Hannah Arendt, für die die Macht erst eine politische Gemeinschaft entstehen lässt und sie auf Dauer zusammenhält (Va, S. 193). Das Konzept der »Herrschaftsfreiheit« blieb demgegenüber ein kurzlebiges Intermezzo, das die Sozialwissenschaften rasch hinter sich ließen.

Betrachtet man das Ensemble der Machttheorien, dann wird man zwei verschiedene Typen unterscheiden können. Die einen sehen die Macht primär als repressiv und verweisen auf ihre unterdrückende Wirkung; die anderen sehen die Macht als produktiv und verweisen auf ihre Eigenschaft als konstitutives Element sozialen Lebens. Aus diesem Widerstreit gewinnt das Theorie-Ensemble seine spezifische Spannung. Der Widerstreit bleibt unentscheidbar, denn es spricht vieles dafür, dass stets beide Wirkungsweisen im Spiel sind. Heute wird die Bedeutung der Macht für die Funktionsweise des Politischen kaum mehr in Zweifel gezogen. Was die verschiedenen Richtungen eint, ist die besondere Aufmerksamkeit für die Frage, warum menschliche Beziehungen scheinbar unausweichlich machtförmig strukturiert sind. Hier gibt es eine Kontinuitätslinie, die sich über zwei Jahrtausende bis in die Gegenwart zieht.

In methodischer Hinsicht hat es sich als vorteilhaft erwiesen, Macht in einer handlungsbezogenen Perspektive zu begreifen. Macht hat stets mit Handeln zu tun und bleibt an Handeln gebunden. In diesem Sinne ist Hannah Arendts Position zu unterstreichen: Macht »besitzt eigentlich niemand, sie entsteht zwischen Menschen, wenn sie zusammen handeln« (Va, S. 194). Diese Handlungsperspektive finden wir deutlich in Max Webers Definition der Macht als der »Chance, innerhalb einer sozialen Beziehung den eigenen Willen auch gegen Widerstreben durchzusetzen«. Nach wie vor ist dies die bei weitem prominenteste Machtdefinition, selbst wenn hier offenbleibt, auf welche Weise jemand seinen Willen durchsetzt, durch Drohung oder Bestechung, durch Charisma oder Überzeugungskraft, durch Schmeichelei oder Gewalt. Der wissenschaftlich »amorphe« Charakter des Machtbegriffs ist zweifellos einer der Gründe dafür, weshalb der Begriff bis heute eine Herausforderung geblieben ist. Während die klassische Theorie eine letztlich personale Perspektive im Blick hat, wird die Macht in neueren Konzepten von der personalen Ebene abgelöst und als ein Element anonym gewordener Strukturen beschrieben.

In den Sozialwissenschaften geht es nicht darum, endgültige Erkenntnisse zu fixieren. Vor mehr als hundert Jahren hat Max Weber dies zum Ausdruck gebracht: »Endlos wälzt sich der Strom des unermeßlichen Geschehens der Ewigkeit entgegen. Immer neu und anders gefärbt bilden sich die Kulturprobleme, welche die Menschen bewegen [...] Es wechseln die Gedankenzusammenhänge, unter denen es betrachtet und wissenschaftlich erfaßt wird.«[216] Dieser stete Wechsel ist auch einer der Gründe für die Vielfalt der Theorien der Macht.

Anhang

Anmerkungen

1 Haruki Murakami, Naokos Lächeln. Roman, München 2001, S. 49.

2 Arnold Gehlen, Soziologie der Macht, in: Handwörterbuch der Sozialwissenschaften, hg. v. Erwin von Beckerath u.a., Bd. 7, Göttingen 1961, S. 77-81, 77 – Die Klagen über den ungeklärten Machtbegriff ziehen sich bis in die neue Literatur. Vgl. Ekaterina Poljakova, Realität als Macht. Epistemologische, ideologiekritische und theologische Aspekte einer Philosophie der Macht, Baden-Baden 2023, S. 20; Mark Haugaard, Power, Social an Political Theories, in: Encyclopedia of Violence, Peace, and Conflict, hg. v. Lester Kurtz, Bd. 1, 3. Aufl. San Diego 2022, S. 382-390, S. 382; Boni Eriola Richard Atchadé, Philosophie der Macht, Berlin/Boston 2020, S. 6 ff.; Pier Paolo Portinaro, Dissonanze sul potere, in: Teoria Politica 8 (2018), S. 352-364, 351; Rainer Paris, Der Wille des Einen ist das Tun des Anderen. Aufsätze zur Machttheorie, Weilerswist 2015, S. 7; Jonathan Hearn, Theorizing Power, Basingstoke 2012, S. 3 ff.; Peter Morriss, Power. A philosophical analysis, 3. Aufl. Manchester 2012, S. 1; Mark Haugaard/Kevin Ryan, Introduction, in: dies. (Hg.), Political Power, Opladen 2012, S. 9 ff.; David Strecker, Logik der Macht, Weilerswist 2012, S. 9; Gerhard Göhler, Macht, in: ders. u.a. (Hg.), Politische Theorie, 2. Aufl. Wiesbaden 2011, S. 224-240, 224; Ruth Zimmerling, Influence and Power. Variations on a Messy Theme, Dordrecht 2005, S. 19 ff.; Byung-Chul Han, Was ist Macht?, Stuttgart 2005, S. 7.

3 Geleitwort der Herausgeber, in: Archiv für Sozialwissenschaft und Sozialpolitik 19 (1904), S. VI.

4 Michael Mann, Geschichte der Macht. Band 1: Von den Anfängen bis zur griechischen Antike, Frankfurt/New York 1990, S. 14.

5 Bertrand Russell, Macht (1938), Hamburg 2001, S. 10.

6 William B. Gallie, Essentially Contested Concepts, in: Proceedings of the Aristotelian Society 56 (1956), S. 167-198.

7 Karl-Georg Faber, Macht, Gewalt (III), in: Geschichtliche Grundbegriffe, hg. v. Otto Brunner u.a., Bd. 3, Stuttgart 1982, S. 835-854, 836.

8 Paris, Der Wille des Einen ist das Tun des Anderen, S. 7.

9 Zu den unzureichend strukturierten Darstellungen gehören etwa Mark Haugaard, Social and Political Theories of Power, in: Encyclopedia of Violence, Peace, and Conflict, hg. v. Lester Kurtz, Bd. 1, 3. Aufl. San Diego 2022, S. 382-390; Stewart R. Clegg, Frameworks of Power, 2. Aufl. London 2023.

10 Gianfranco Poggi, Forms of Power, Cambridge 2001, S. 24 ff.

11 Heinrich Popitz, Phänomene der Macht, 2. Aufl. Tübingen 1992, S. 22 ff.

12 Joseph S. Nye, Soft Power. The Means to Success in World Politics, New York 2004.

13 Hanna Fenichel Pitkin, Wittgenstein and Justice. On the Significance of Ludwig Wittgenstein for Social and Political Thought (1972), Berkeley 1993, S. 277; Dowding, Power, Minneapolis 1996, S. 1 ff.; Göhler, Macht, S. 225 ff.

14 Göhler, Macht, S. 236.

15 Karl-Georg Faber u.a., Macht, Gewalt (I), in: Geschichtliche Grundbegriffe, Bd. 3, S. 817-935.

16 Theo Kobusch/Ludger Oeing-Hanhoff/Kurt Röttgers/Klaus Lichtblau, Macht, in: Historisches Wörterbuch der Philosophie, Bd. 5, Basel/Stuttgart 1980, Sp. 585-631. Vgl. auch Kurt Röttgers, Spuren der Macht. Begriffsgeschichte und Systematik, Freiburg/München 1990.

17 Thukydides, Geschichte des Peloponnesischen Krieges, hg. v. Georg Peter Landmann, 3. Aufl. München 1981, S. 69 (I 76). Vgl. Holger Sonnabend, Thukydides, 3. Aufl. Hildesheim 2021; Nicolas Stockhammer, Das Prinzip Macht. Die Rationalität politischer Macht bei Thukydides, Machiavelli und Michel Foucault, Baden-Baden 2009, S. 62 ff.; Martin Hagmaier, Rhetorik und Geschichte. Eine Studie zu den Kriegsreden im ersten Buch des Thukydides, Berlin/New York 2008, S. 76 ff.; C. D. C. Reeve, Tucydides on Human Nature, in: Political Theory 27 (1999), S. 435-446; Michael G. Seaman, The Athenian Expedition to Melos in 416 B.C., in: Historia 46 (1997), S. 385-418, 386 ff.; Hartmut Erbse, Thukydides-Interpretationen, Berlin/New York 1989, S. 106 ff.

18 Friedrich Nietzsche, Götzen-Dämmerung, in: ders., Werke in drei Bänden, Bd. II, hg. v. Karl Schlechta, München 1994, S. 1028f. Vgl. ders., Morgenröte, in: ders., Werke in drei Bänden, Bd. I, S. 1127.

19 Thukydides, Geschichte des Peloponnesischen Krieges, S. 250 (III, 82).

20 Vgl. Hans J. Morgenthau, Scientific Man vs. Power Politics, Chicago 1956, S. 9. Herfried Münkler meinte vor dreißig Jahren, Thukydides' Theorie sei »als Basis aller Machttheorien von Machiavelli bis Morgenthau von der Politikwissenschaft noch zu entdecken« (Münkler, Thukydides: Machtkampf als Institutionenkritik, in: Gerhard Göhler u.a. (Hg.), Politische Institutionen im gesellschaftlichen Umbruch, Opladen 1990, S. 41-53, 43). Zur Beziehung Thukydides/Nietzsche siehe David Polansky, Nietzsche on Thucydidean Realism, in: The Review of Politics 77 (2015), S. 425-448; Scott Jenkins, What Does Nietzsche Owe Thucydides?, in: Journal of Nietzsche Studies 42 (2011), S. 32-50; Paul E. Kirkland, Nietzsche's Tragic Realism, in: The Review of Politics 72 (2010), S. 55-78; John Zumbrunnen, »Courage in the Face of Reality«: Nietzsche's Admiration for Thucydides, in: Polity 35 (2002), S. 237-263.

21 Platon, Politeia, in: Sämtliche Werke, Bd. 2, übers. v. Friedrich Schleiermacher, Reinbek bei Hamburg 1994, S. 224f. (338a ff.).

22 Platon, Gorgias, in: Sämtliche Werke, Bd. 1, übers. v. Friedrich Schleiermacher, Reinbek bei Hamburg 1994, S. 350 (452d).

23 Marsilius von Padua, Defensor pacis/Der Verteidiger des Friedens (1324), 2 Bde., übers. v. Walter Kunzmann, bearb. v. Horst Kusch, Berlin 1958, I, 17.

24 Niccolò Machiavelli, Discorsi. Gedanken über Politik und Staatsführung, übers. v. Rudolf Zorn, 3. Aufl. Stuttgart 2007, S. 9.

25 Machiavelli, Der Fürst, übers. v. Ernst Merian-Genast, Zürich 1945. Das Buch wurde zwischen Juli und Dezember 1513 geschrieben. – Zu Machiavelli grundlegend Herfried Münkler, Machiavelli. Die Begründung des politischen Denkens der Neuzeit aus der Krise der Republik Florenz, Frankfurt/M. 2004. Siehe ferner Yves Winter, Machiavelli and the Orders of Violence, Cambridge 2018, S. 66ff.; J. G. A. Pocock, The Machiavellian Moment. Florentine Political Thought and the Atlantic Republican Tradition (1975), 3. Aufl. Princeton 2016; Dirk Hoeges, Niccolò Machiavelli. Die Macht und der Schein, 2. Aufl. Frankfurt/M. 2014; Quentin Skinner, Machiavelli zur Einführung, 6.

Aufl. Hamburg 2013; Volker Reinhardt, Machiavelli oder Die Kunst der Macht, 2. Aufl. München 2022.

26 Wilhelm Hennis, Politik und praktische Philosophie (1963), in: ders., Politikwissenschaft und politisches Denken, Tübingen 2000, S. 118.

27 Leo Strauss, Thoughts on Machiavelli, Glencoe 1958, S. 9: »Machiavelli was a teacher of evil«.

28 Vgl. Pocock, The Machiavellian Moment; Stacey Vanek Smith, Machiavelli for Women, New York 2022; Harriet Rubin, Machiavelli für Frauen. Strategie und Taktik im Kampf der Geschlechter, 3. Aufl. Frankfurt/M. 2000; Luigi und Elena Spagnol (Hg.), Machiavelli für Manager, 6. Aufl. Frankfurt/M. 1995; Dick Morris, The New Prince. Machiavelli Updated for the Twenty-First Century, New York 1999.

29 Dolf Sternberger, Drei Wurzeln der Politik, Frankfurt/M. 1995, S. 190.

30 Wolfgang Kersting, Handlungsmächtigkeit und Ordnung. Niccolò Machiavelli und Thomas Hobbes über Macht und Vernunft, in: Otfried Höffe (Hg.), Vernunft oder Macht? Tübingen 2006, S. 55-74, 57.

31 Thomas Hobbes, Leviathan (1642), hg. v. Iring Fetscher, übers. v. Walter Euchner, Frankfurt/M. 1984. Zur Herkunft und Logik der Metapher vgl. Carl Schmitt, Der Leviathan in der Staatslehre des Thomas Hobbes, Hamburg 1938.

32 Hobbes, Vom Bürger (1642), in: ders., Vom Menschen/Vom Bürger, hg. v. Günter Gawlick, 3. Aufl. Hamburg 1994, S. 125 u. 133.

33 Ähnlich sah es später auch Sigmund Freud, Das Unbehagen in der Kultur (1930), in: ders., Das Unbehagen in der Kultur und andere kulturtheoretische Schriften, Frankfurt/M. 1994, S. 29-108, 79.

34 John Locke, Zwei Abhandlungen über die Regierung (1690), hg. v. Walter Euchner, Frankfurt/M. 1977, S. 343.

35 Schmitt, Gespräch über die Macht und den Zugang zum Machthaber (1954), 3. Aufl. Stuttgart 2008, S. 14.

36 Hobbes, Vom Bürger, S. 152.

37 Schmitt, Der Leviathan in der Staatslehre des Thomas Hobbes, S. 69. Fast melancholisch heißt es nun: »Sicherheit gibt es nur im Staat. Extra civitatem nulla securitas.« (S. 75)

38 Hobbes, Vom Menschen (1658), in: ders. Vom Menschen/Vom Bürger, S. 26.

39 Sigmund Freud, Jenseits des Lustprinzips (1920), in: ders.: Studienausgabe. Bd. III, Frankfurt/M. 1982, S. 217-272, 248.

40 Dazu Popitz, Phänomene der Macht, 2. Aufl. Tübingen 1992. Zu den sekundären Machtgewinnen siehe Wolfgang Kersting, Handlungsmächtigkeit und Ordnung, S. 62f.

41 Immanuel Kant, Kritik der Urteilskraft. Werkausgabe Bd. 10, hg. v. Wilhelm Weischedel, Frankfurt/M. 1981, S. 184.

42 Kant, Die Metaphysik der Sitten. Werkausgabe Bd. 8, hg. v. Wilhelm Weischedel, 8. Aufl. Frankfurt/M. 1989, S. 429 (§ 43).

43 Helmuth Plessner, Die Emanzipation der Macht (1962), in: ders., Diesseits der Utopie, Frankfurt/M. 1974, S. 190-209, 192f.

44 Hans J. Morgenthau, Scientific Man vs. Power Politics, Chicago 1956, S. 9: »power politics, rooted in the lust for power which is common to all men, is for this reason inseparable from social life«. Zu Morgenthau siehe Matthew Specter, The Atlantic Realists, Stanford 2022, S. 13 ff.; Alexander Reichwein, Hans J. Morgenthau und die Twenty Years' Crisis, Wiesbaden 2021, S. 18 ff., 45 ff.; Felix Rösch, Pouvoir, puissance, and politics: Hans Morgenthau's dualistic concept of power?, in: Review of International Studies 40 (2014), S. 349-365; Jodok Troy, Die »Macht« des Realismus in den Internationalen Beziehungen: Morgenthau wieder lesen, in: Zeitschrift für Politik 60 (2013), S. 414-429; William E. Scheuerman, Morgenthau: Realism and Beyond, Cambridge 2009; Michael C. Williams (Hg.), Realism Reconsidered. The Legacy of Hans Morgenthau in International Relations, Oxford 2007; Christian Hacke u.a. (Hg.), The Heritage, Challenge, and Future of Realism, Göttingen 2005; Christoph Rohde, Hans J. Morgenthau und der weltpolitische Realismus, Wiesbaden 2004, S. 123ff.

45 Helmuth Plessner, Die Emanzipation der Macht (1962), in: ders., Diesseits der Utopie, Frankfurt/M. 1974, S. 190-209, 190. Vgl. bereits ders., Macht und menschliche Natur, in: ders., Gesammelte Schriften V, Frankfurt/M. 1981, S. 135-234.

46 Arnold Gehlen, Soziologie der Macht, in: Handwörterbuch der Sozialwissenschaften, hg. v. Erwin von Beckerath u.a., Bd. 7, Göttingen 1961, S. 77-81, 78.

47 Eduard Spranger, Lebensformen. Geisteswissenschaftliche Psychologie und Ethik der Persönlichkeit [1914, vervierfachte 2. Aufl. 1921], 5. Aufl. Halle 1925, S. 212f. – Spranger, ein Dilthey-Schüler, vertrat eine geisteswissenschaftliche Psychologie.

48 Nietzsche, Unzeitgemäße Betrachtungen, in: ders., Werke in drei Bänden, Bd. I, S. 263.

49 Nietzsche, Der griechische Staat, ebd., S. 278.

50 Er hielt seine Vorlesung unter dem Titel *Über das Studium der Geschichte* im WS 1868/69, im WS 1870/71 und im WS 1872/83. Vgl. das Nachwort von Werner Kaegi, ebd., S. 198f.

51 Heinrich von Treitschke, Bundesstaat und Einheitsstaat (1864), in: ders., Historische und politische Aufsätze, Bd. 2, 6. Aufl. Leipzig 1903, S. 152. Vgl. schon Ludwig August von Rochau, Grundsätze der Realpolitik. (1853), hg. v. Hans-Ulrich Wehler, Frankfurt/Berlin/Wien 1972, S. 25.

52 Vgl. Karl-Heinz Ilting, Macht, Gewalt (V), in: Geschichtliche Grundbegriffe, hg. v. Otto Brunner u.a., Bd. 3, Stuttgart 1982, S. 925. Siehe ebd., S. 925ff., die Verweise auf Marx und Nietzsche.

53 Erich H. Witte, Theorien zur sozialen Macht, in: Dieter Frey/Martin Irle (Hg.), Theorien der Sozialpsychologie, Bd. 2, 2. Aufl. Bern 2001, S. 217-246, 225. Vgl. allgemein Andreas Anter, Anthropologische Grundlagen der Machttheorie, in: André Brodocz/Stefanie Hammer (Hg.), Variationen der Macht, Baden-Baden 2013, S. 149-162.

54 Nietzsche, Die neue Aufklärung (1884-85), in: ders., Nachgelassene Werke. Unveröffentlichtes aus der Umwerthungszeit (1882/83–1888). Nietzsche's Werke, Bd. XIV, Leipzig 1904, S. 321-341, 327 (Nr. 161).

55 Nietzsche, Jenseits von Gut und Böse, in: ders., Werke in drei Bänden, Bd. II, S. 601. Zu Nietzsches Machtverständnis vgl. Tsarina Doyle, Nietzsche's Metaphysics of the Will to Power, Cambridge 2018, S. 101 ff.; Jochen Schmidt, Der Mythos »Wille zur Macht«. Nietzsches Gesamtwerk und der Nietzsche-Kult, Berlin/Boston 2016; Christian J. Emden, Nietzsche's Will to Power, in: Journal of Nietzsche Studies 47 (2016), S. 30-60; Volker Gerhardt, Macht und Metaphysik. Nietzsches Machtbegriff im Wandel der Interpretation, in: Nietzsche-Studien 10/11 (1981/82), S. 193-221.

56 Nietzsche, Der Antichrist (1888), in: ders., Werke in drei Bänden, Bd. II, S. 1164.

57 Nietzsche, Götzen-Dämmerung, ebd., S. 983.

58 Sigmund Freud, Jenseits des Lustprinzips (1920), in: ders.: Studienausgabe. Bd. III, Frankfurt/M. 1982, S. 217-272, 248; ders., Das ökonomische Problem des Masochismus (1924), ebd., S. 343-354, 347. – Zur

komplexen Beziehung Nietzsche/Freud vgl. Daniel Berthold, Nietzsche and Freud: Disaffinities, in: Journal of European Studies 49 (2019), S. 3-17; Paul-Laurent Assoun, Freud and Nietzsche, London/New York 2002; Reinhard Gasser, Nietzsche und Freud, Berlin/New York 1997.

59 Alfred Adler, Menschenkenntnis (1927), Frankfurt/M. 1991, S. 75.

60 »Kanzler trau ich mir nicht zu«, Christian Wulff im stern-Gespräch, in: Stern Nr. 30, 16. Juli 2008, S. 44-47, 44 u. 47.

61 Helmut Mayer, Was hätte Nietzsche wohl zu Christian Wulff gesagt? Ein Gespräch mit dem Kulturwissenschaftler Thomas Macho, in: Frankfurter Allgemeine Zeitung Nr. 166, 18. Juli 2008, S. 42.

62 Lord John Emerich Acton, Brief an Mandell Creighton vom 5. April 1887, in: ders., Essays on Freedom and Power, hg. v. Gertrude Himmelfarb, New York 1955, S. 328-341, 335. – Lord Acton war ein britischer Historiker und Journalist; katholisch, aber papstkritisch; eine Zeit lang Politiker, davon sechs Jahre als Mitglied des Unterhauses, später Berater von Premier Gladstone.

63 Lord Acton, Brief an Mandell Creighton vom 5. April 1887, S. 335 f.

64 Arnold Gehlen, Anthropologische und soziologische Überlegungen zum Problem der Autorität (1962), in: ders., Einblicke. Gesamtausgabe Bd. 7, hg. v. Karl-Siegbert Rehberg, Frankfurt/M. 1978, S. 486. Vgl. Hannah Arendt, Elemente und Ursprünge totaler Herrschaft (1951), 7. Aufl. München 2000, S. 907 ff.

65 Marcel Reich-Ranicki, Mein Leben, München 2000, S. 186 f. – Vgl. auch den autobiographischen Bericht von David Ben-Dor, Die schwarze Mütze. Geschichte eines Mitschuldigen, Leipzig 2000.

66 Vgl. Jörg Baberowski, Räume der Gewalt, Frankfurt/M. 2018; Wolfgang Sofsky, Absolute Macht. Zur Soziologie des Konzentrationslagers, in: Leviathan 18 (1990), S. 518-535.

67 Dazu Josef Isensee, Das Grundrecht auf Sicherheit. Zu den Schutzpflichten des freiheitlichen Verfassungsstaates, Berlin/New York 1983, S. 12 ff.

68 Peter Graf Kielmansegg, Kirche und Staat in Europa, in: Die Politische Meinung, Nr. 461, April 2008, S. 13-18, 16.

69 Montesquieu, Vom Geist der Gesetze, hg. v. Kurt Weigand, Stuttgart 1994, S. 215 [Buch XI, Kap. 4]. Vgl., im Original, De l'Esprit des lois (1748), Paris 1956, S. 163: »le pouvoir arrête le pouvoir«.

70 Ernst-Wolfgang Böckenförde, Ist Demokratie eine notwendige Forderung der Menschenrechte?, in: Stefan Gosepath/Georg Lohmann (Hg.), Philosophie der Menschenrechte, Frankfurt/M. 1998, S. 233-243, 242.

71 Vgl. Montesquieu, De l'Esprit des lois, S. 181 ff. [Buch XI, Kap. 14]. Dazu Sébastien Roland, Les figures organiques de la légitimité dans la doctrine constitutionnelle de Montesquieu, in: Revue française d'histoire des idées politiques 29 (2009), S. 3-75; Kurt Röttgers, Art. Macht (I), in: Historisches Wörterbuch der Philosophie, Bd. 5, Basel/Stuttgart 1980, S. 588-604, 600.

72 Karl Dietrich Bracher, Betrachtungen zum Problem der Macht, Opladen 1991, S. 44.

73 John Acton, Brief an Mandell Creighton vom 5. April 1887, S. 335.

74 Gerhard Ritter, Die Dämonie der Macht, Stuttgart 1947; Dolf Sternberger, Grund und Abgrund der Macht, Frankfurt/M. 1962.

75 Plessner, Die Emanzipation der Macht, S. 202 und 204.

76 Carl Schmitt, Gespräch über die Macht und den Zugang zum Machthaber (1954), 3. Aufl. Stuttgart 2008, S. 33.

77 Claude Adrien Helvétius, De l'homme, de ses facultés intellectuelles, et de son éducation (1777). Œuvres complètes, Bd. 8, Paris 1818 (Sect. IV, Chap. XI), S. 234. – In der deutschen Übersetzung: »Wenn Montesquieu sich nicht vorgenommen hätte, für jede Regierungsform ein anderes Bewegungsprinzip anzugeben, dann hätte er eines für alle anerkannt. Dieses Prinzip ist die Liebe zur Macht, folglich das persönliche Interesse, das verschieden modifiziert wird.« (Helvétius, Vom Menschen, seinen geistigen Fähigkeiten und seiner Erziehung, hg. v. Günther Mensching, Frankfurt/M. 1972, S. 215).

78 Gehlen, Soziologie der Macht, S. 78.

79 Gehlen, Soziologie der Macht, S. 79.

80 Niklas Luhmann, Macht im System, hg. v. André Kieserling, Berlin 2013, S. 51.

81 Vgl. eine repräsentative Auswahl aus den letzten drei Jahrzehnten: Ekaterina Poljakova, Realität als Macht, Baden-Baden 2023, S. 21 ff.; Mark Haugaard, Power, Social and Political Theories, in: Encyclopedia of Violence, Peace, and Conflict, hg. Lester Kurtz, Bd. 1, 3. Aufl. San Diego 2022, S. 382-390, S. 383; Reinoud Bosch, Power. A Key Idea for Business and Society, London/New York 2022, S. 6 f.; Boni

Eriola Richard Atchadé, Philosophie der Macht, Berlin/Boston 2020, S. 268 f.; Gerhard Göhler, Macht. Politiktheoretische Perspektiven, in: Staatslexikon, 3. Bd., 8. Aufl. Freiburg 2019, Sp. 410-414, 410; Jörg Baberowski, Räume der Gewalt, Frankfurt/M. 2018, S. 201; Rainer Hank, Lob der Macht, Stuttgart 2017, S. 26; Heiner Hastedt, Reflexion der Macht und Macht der Reflexion, in: ders. (Hg), Macht und Reflexion, Hamburg 2016, S. 17-40, 22; Rainer Paris, Der Wille des Einen ist das Tun des Anderen, Weilerswist 2015, S. 14; Gianfranco Poggi, Varieties of Political Experience. Power Phenomena in Modern Society, Colchester 2014, S. 16 ff.; Jonathan Hearn, Theorizing Power, Basingstoke 2012, S. 28 ff.; Peter Morriss, Power, 3. Aufl. Manchester 2012, S. XV; Mark Haugaard/Kevin Ryan, Introduction, in: dies. (Hg.), Political Power, Opladen 2012, S. 22; Georg Zenkert, Die Konstitution der Macht, Tübingen 2007, S. 9; Peter Imbusch, Macht, in: Klaus-Dieter Altmeppen u.a. (Hg.), Journalismustheorie, Wiesbaden 2007, S. 395-419, 397; Mario von Cranach, Macht als soziales und gesellschaftliches Phänomen, in: Heinrich Schmidinger/Clemens Sedmark (Hg.), Der Mensch – ein zôon politikón?, Darmstadt 2006, S. 211-222, 214; Ruth Zimmerling, Influence and Power, Dordrecht 2005, S. 31 ff.; Rainer Paris, Tücken der Macht, in: ders., Normale Macht. Soziologische Essays, Konstanz 2005, S. 27-60, 27; Byung-Chul Han, Was ist Macht?, Stuttgart 2005, S. 17; Steven Lukes, Power. A Radical View, 2. Aufl. London 2005, S. 10; Andrea Maurer, Herrschaftssoziologie, Frankfurt/M./New York 2004, S. 19 f.; Niklas Luhmann, Macht, 3. Aufl. Stuttgart 2003, S. 117; Gianfranco Poggi, Forms of Power, Cambridge 2001, S. 12 ff.; Barry Hindess, Discourses of Power. From Hobbes to Foucault, 3. Aufl. Oxford 2001, S. 8; Heinrich Popitz, Phänomene der Macht, 2. Aufl. Tübingen 1992, S. 17.

82 Kurt Sontheimer, Zum Begriff der Macht als Grundkategorie der politischen Wissenschaft, in: Dieter Oberndörfer (Hg.), Wissenschaftliche Politik (1962), 2. Aufl. Freiburg 1966, S. 197-209, 199.

83 Wilhelm Hennis, Max Weber und Thukydides, Tübingen 2003, S. 7. – Einen knappen Überblick über das Werk gibt Dirk Kaesler, Max Weber, München 2011; noch knapper zum politikwissenschaftlichen Werk Andreas Anter, Max Weber, in: Wilhelm Bleek/Hans J. Lietzmann (Hg.), Klassiker der Politikwissenschaft, München 2005, S. 123-135.

84 Vgl. Wilhelm Hennis, Max Webers Fragestellung, Tübingen 1987; ders., Max Webers Wissenschaft vom Menschen, Tübingen 1996.

85 Lawrence Scaff, Weber before Weberian sociology, in: British Journal of Sociology 35 (1984), S. 190-215, 191: »whoever controls the interpretation of Weber can entertain hopes of also governing scientific activity«.

86 Paul Feyerabend, Wider den Methodenzwang. Skizze einer anarchistischen Erkenntnistheorie, Frankfurt/M. 1976, S. 392.

87 Vgl. WuG, S. 124. Zu Webers Herrschaftsverständnis siehe Andreas Anter, Power and Rulership in Max Weber. Context and Effect of a Conceptual Pair, in: Scienza e Politica 32 (2020), S. 9-20, 16 ff.; Stefan Breuer, The Relevance of Weber's Conception and Typology of Herrschaft, in: The Oxford Handbook of Max Weber, hg. v. Edith Hanke u.a., Oxford 2019, S. 237-257; ders., »Herrschaft« in der Soziologie Max Webers, Wiesbaden 2011; Edith Hanke/Wolfgang J. Mommsen (Hg.), Max Webers Herrschaftssoziologie, Tübingen 2001; Peter Lassman, The rule of man over man: politics, power and legitimation, in: Stephen Turner (Hg.) The Cambridge Companion to Weber, Cambridge 2000, S. 83-99.

88 Albert Schäffle, Die Notwendigkeit exakt entwickelungsgeschichtlicher Erklärung und exakt entwickelungsgesetzlicher Behandlung unserer Landwirtschaftsbedrängnis, 3. Teil, in: Zeitschrift für die gesamte Staatswissenschaft 59 (1903), S. 255-340, 337.

89 Vgl. Peter Bachrach/Morton S. Baratz, Two Faces of Power, in: American Political Science Review 56 (1962), S. 947-952; dies., Decisions and Nondecisions: An Analytical Framework, in: American Political Science Review 57 (1963), S. 632-642 – Zur Macht als Chance vgl. Andreas Anter, Power and Rulership in Max Weber, S. 11 ff.; Kari Palonen, Macht als Chance. Zur Geschichte von Max Webers politischer Innovation, in: ders., Max Webers Begriffspolitik, Baden-Baden 2019, S. 159-172.

90 Niklas Luhmann, Die Politik der Gesellschaft, Frankfurt/M. 2000, S. 21 ff.

91 Gerhard Ritter, Die Dämonie der Macht, Stuttgart 1947, S. 201.

92 Raymond Aron, Frieden und Krieg. Eine Theorie der Staatenwelt, Frankfurt/M. 1986, S. 63.

93 Thomas Hobbes, Vom Menschen (1658), in: ders. Vom Menschen/ Vom Bürger, hg. v. Günter Gawlick, 3. Aufl. Hamburg 1994, S. 24.

94 Weber, Die »Objektivität« sozialwissenschaftlicher und sozialpolitischer Erkenntnis (1904), in: ders., Gesammelte Aufsätze zur Wissenschaftslehre, hg. v. Johannes Winckelmann, 5. Aufl. Tübingen 1985, S. 151, 170 u. 156.

95 Sontheimer, Zum Begriff der Macht, S. 202f. – Zu Webers politischem Denken grundlegend Wolfgang J. Mommsen, Max Weber und die deutsche Politik 1890-1920, 3. Aufl. Tübingen 2004. Zur bundesdeutschen Politikwissenschaft der Nachkriegszeit vgl. Wilhelm Bleek, Geschichte der Politikwissenschaft in Deutschland, München 2001, S. 265ff.

96 Max Weber, Politik als Beruf (1919), in: ders., Gesammelte Politische Schriften, hg. v. Johannes Winckelmann, 5. Aufl. Tübingen 1988, S. 505-560, 505f.

97 Georg Jellinek, Allgemeine Staatslehre (1900), 3. Aufl. Berlin 1922, S. 17.

98 Johann Gustav Droysen, Brief an Wilhelm Arendt vom 1. Dezember 1851, in: ders., Briefwechsel, hg. v. Rudolf Hübner, Bd. 2, Berlin/Leipzig 1929, S. 11.

99 Ludwig August von Rochau, Grundsätze der Realpolitik (1853), hg. v. Hans-Ulrich Wehler, Frankfurt/Berlin/Wien 1972, S. 25.

100 Harold D. Lasswell/Abraham Kaplan, Power and Society. A Framework for Political Inquiry, London/New Haven 1951, S. XIV; Hans J. Morgenthau, Politics Among Nations. The Struggle for Power and Peace, 2. Aufl. New York 1954, S. 27; Karl Loewenstein, Verfassungslehre, 3. Aufl. Tübingen 1975, S. 3; Paul Ricœur, Le paradoxe politique, in: ders., Histoire et vérité, Paris 1955, S. 260-285, 269; Ossip K. Flechtheim, Grundlegung der politischen Wissenschaft, Meisenheim 1958, S. 70; Gottfried-Karl Kindermann, Philosophische Grundlagen und Methodik der Realistischen Schule von der Politik, in: Dieter Oberndörfer (Hg.), Wissenschaftliche Politik, Freiburg 1966, S. 251-296, 251ff.

101 Vgl. Reinhold Niebuhr, The Nature and Destiny of Man, New York 1949, Bd. 1, S. 180-213.

102 Vgl. Morgenthau, Politics Among Nations, S. 3-40. Dazu William E. Scheuerman, Morgenthau. Realism and Beyond, Cambridge 2009;

Christian Hacke u.a. (Hg.), The Heritage, Challenge, and Future of Realism. In Memoriam Hans J. Morgenthau, Göttingen 2005.

103 Morgenthau, Politics Among Nations, S. 26 f. Zur Beziehung Morgenthau/Weber vgl. Richard Ned Lebow, Weber's tragic legacy, in: Journal of International Political Theory 13 (2017), S. 37-58, bes. 49 ff.; Barbara Kunz, Hans J. Morgenthau's Political Realism, Max Weber, and the Concept of Power, in: Max Weber Studies 10 (2010), S. 189-208; Stephen Turner/George Mazur, Morgenthau as a Weberian Methodologist, in: European Journal of International Relations 15 (2009), S. 477-508.

104 Kurt Sontheimer, Zum Begriff der Macht, S. 198.

105 Vgl. nur Harold D. Lasswell/A. Kaplan, Power and Society, London 1952, S. XIV u. 75 ff.

106 Vgl. Arnold Bergstraesser, Politik in Wissenschaft und Bildung, Freiburg 1961, bes. S. 63 ff.

107 Hennis, Aufgaben einer modernen Regierungslehre, in: Politische Vierteljahresschrift 6 (1965), S. 422-441, 431.

108 Hennis, Max Webers Fragestellung, S. III.

109 WuG, S. 29. Zu seiner Herrschaftssoziologie grundlegend Breuer, »Herrschaft« in der Soziologie Max Webers, Wiesbaden 2011. Vgl. ferner Hanke/Mommsen (Hg.), Max Webers Herrschaftssoziologie. Studien zu Entstehung und Wirkung, Tübingen 2001.

110 Prononciert Popitz, Phänomene der Macht, S. 245: Herrschaft als »positionalisierte Macht«. Vgl. Anter, Power and Rulership in Max Weber, S. 10 ff.; Imbusch, Macht, S. 409 ff.; Gostmann/Merz-Benz (Hg.), Macht und Herrschaft; Andrea Maurer, Herrschaftssoziologie, Frankfurt/New York 2004, S. 125 ff.; Arnold Gehlen, Soziologie der Macht, S. 77-81, 79 ff.

111 Vgl. Weber, Die »Objektivität« sozialwissenschaftlicher und sozialpolitischer Erkenntnis, S. 191 ff. Dazu Hans Henrik Bruun, Science, Values and Politics in Max Weber's Methodology. New Expanded Edition, Aldershot 2007, S. 207 ff.

112 Vgl. Stefan Breuer, Die vier reinen Typen der Demokratie, in: ders., Bürokratie und Charisma. Zur politischen Soziologie Max Webers, Darmstadt 1994, S. 176-187.

113 WuG, S. 140 ff., 654 ff. – Zur charismatischen Herrschaft vgl. Joshua Derman, Max Weber in Politics and Social Thought. From Charisma

to Canonization, Cambridge 2012, S. 176 ff.; Stefan Breuer, »Herrschaft« in der Soziologie Max Webers, S. 25 ff.; Stephen P. Turner, Charisma reconsidered, in: Journal of Classical Sociology 3 (2003), S. 5-26.

114 Vgl. Hans-Ulrich Wehler, Das analytische Potential des Charisma-Konzepts: Hitlers charismatische Herrschaft, in: Andreas Anter/Stefan Breuer (Hg.), Max Webers Staatssoziologie, 2. Aufl. Baden-Baden 2016, S. 175-189.

115 Vgl. WuG, S. 516 ff.; sowie, im Anschluss an Weber, Gianfranco Poggi, The State, 4. Aufl. Cambridge 2010, S. 72 ff.; Thomas Ertman, Birth of the Leviathan: Building States and Regimes in Medieval and Early Modern Europe, 2. Aufl. Cambridge 2008; Philip S. Gorski, The Disciplinary Revolution: Calvinism and the Birth of the State in Early Modern Europe, Chicago 2003.

116 Dazu Andreas Anter, The Modern State and its Monopoly on Violence, in: The Oxford Handbook of Max Weber, hg. v. Edith Hanke u.a., Oxford 2019, S. 227-236; ders., Das Gewaltmonopol des Staates, in: ders., Max Weber und die Staatsrechtslehre, Tübingen 2016, S. 157-178; Catherine Colliot-Thélène, Das Monopol der legitimen Gewalt, in: Andreas Anter/Stefan Breuer (Hg.), Max Webers Staatssoziologie, 2. Aufl. Baden-Baden 2016, S. 39-55.

117 Heinrich August Winkler, Geschichte des Westens. Von den Anfängen in der Antike bis zum 20. Jahrhundert, 5. Aufl. München 2016, S. 136.

118 Francis Bacon, The New Organon (1620), in: The Works of Francis Bacon, hg. v. James Spedding u.a., Bd. 4, London 1860, S. 120 u. 47.

119 Nüchtern relativierend zum Befund eines Überwachungsstaates Hans Peter Bull, Informationelle Selbstbestimmung – Vision oder Illusion?, 2. Aufl. Tübingen 2011, S. 20 ff.

120 Joachim Jens Hesse/Thomas Ellwein, Das Regierungssystem der Bundesrepublik Deutschland, 10. Aufl. Berlin/New York 2012, Bd. 1, S. 500.

121 Otto Mayer, Deutsches Verwaltungsrecht (1895), Bd. 1, 3. Aufl. Leipzig 1924 (Vorwort zur 3. Aufl.). Die neue Weimarer Reichsverfassung habe die Neuauflage seines Werks kaum tangiert.

122 Vgl. Alexis de Tocqueville, L'Ancien Régime et la Révolution (1856). Œuvres complètes, Bd. II, hg. v. J.-P. Mayer, Paris 1952, S. 243; in der dt. Ausgabe: Der alte Staat und die Revolution, hg. v. Jacob Peter Mayer, Reinbek bei Hamburg 1969, S. 173.

123 Vgl. Jerry Williams, The Philosophical Anthropology of Heinrich Popitz, in: Human Studies 41 (2018), S. 503-511; Jörg Baberowski, Räume der Gewalt, Frankfurt/M. 2018, S. 27ff. u. 200ff.; Heinz Abels, Einführung in die Soziologie, Bd. 1, 5. Aufl. Wiesbaden 2018, S. 250ff.; Teresa Koloma Beck/Klaus Schlichte, Theorien der Gewalt zur Einführung, 2. Aufl. Hamburg 2017, S. 215 ff.; Andreas Anter, Macht und menschliche Natur. Das anthropologische Argument, in: Phillip H. Roth (Hg.), Macht, Frankfurt/New York 2016, S. 31-43; Sina Farzin/Henning Laux, Gründungsszenen – Eröffnungszüge des Theoretisierens am Beispiel von Heinrich Popitz' Machtsoziologie, in: Zeitschrift für Soziologie 45 (2016), S. 241-260; Gianfranco Poggi, Varieties of Political Experience, Colchester 2014, S. 16 f., 22 f.; Pier Paolo Portinaro, Macht und Autorität, in: Hans Vorländer (Hg.), Demokratie und Transzendenz, Bielefeld 2013, S. 81-104, 85 ff.; Katharina Inhetveen, Macht, in: Nina Baur u.a. (Hg.), Handbuch Soziologie, Wiesbaden 2008, S. 253-272, 262 ff.; Andreas Anter, Die Macht der Ordnung, 2. Aufl. Tübingen 2007, S. 103 ff.; Hubert Treiber, Macht – ein soziologischer Grundbegriff, in: Peter Gostmann/Peter-Ulrich Merz-Benz (Hg.), Macht und Herrschaft, Wiesbaden 2007, S. 49-62; Peter Imbusch, Macht: in: Klaus-Dieter Altmeppen u.a. (Hg.), Journalismustheorie, Wiesbaden 2007, S. 395-419, 398 ff.; Friedrich Pohlmann, Heinrich Popitz – Konturen seines Denkens und Werks, in: Berliner Journal für Soziologie 15 (2005), S. 5-24; Rainer Paris, Normale Macht. Soziologische Essays, Konstanz 2005; Andrea Maurer, Herrschaftssoziologie, Frankfurt/New York 2004, S. 20 f., 52 f.

124 Christian Geyer, Etwas Eiskaltes gegen die Hitze. Mit Heinrich Popitz werden Sie Herrchen im eigenen Haus, in: FAZ Nr. 151, 3. Juli 2006, S. 44.

125 Popitz, Der entfremdete Mensch. Zeitkritik und Geschichtsphilosophie des jungen Marx (1949), Frankfurt/M. 1953; ders. u.a., Das Gesellschaftsbild des Arbeiters, Tübingen 1957; ders. u.a., Technik und Industriearbeit, Tübingen 1957; ders., Der Begriff der sozialen Rolle als Element der soziologischen Theorie, Tübingen 1967; ders., Über die Präventivwirkung des Nichtwissens. Dunkelziffer, Norm und Strafe, Tübinen 1968; ders., Prozesse der Machtbildung, 3. Aufl. Tübingen 1976; ders., Die normative Konstruktion von Gesellschaft, Tübingen 1980.

126 Bei Weber sind es vor allem Goethe und Shakespeare; bei Popitz sind es Sophokles (PdM, S. 23), Peter Weiss (S. 37), Goethe (S. 111 f.) oder Eric Ambler (S. 132).

127 David Hume, Of the First Principles of Government, in: ders., Essays Moral, Political, and Literary, hg. v. Thomas Hill Green/Thomas Hodge Grose, Bd. 1, London 1882, S. 109f.

128 Institut für Demoskopie Allensbach, Der Wert der Freiheit. Ergebnisse einer Grundlagenstudie zum Freiheitsverständnis der Deutschen, Okt./Nov. 2003, Tabelle A20.

129 Vgl. Poggi, Varieties of Political Experience, S. 16 f. u. 22 f.; Paris, Normale Macht, S. 19ff., 65ff., 84ff.

130 John R.P. French/Bertram H. Raven, The Bases of Social Power, in: Dorwin Cartwright/Alvin Zander (Hg.), Group Dynamics. Research and Theory, 2. Aufl. New York 1968, S. 259-269.

131 Vgl. Norbert Elias, Über den Prozeß der Zivilisation (1939), 2 Bde., 8. Aufl. Frankfurt/M. 1981.

132 Vgl. Andreas Anter, Max Webers Theorie des modernen Staates, 3. Aufl. Berlin 2014, S. 80ff.

133 Vgl. Helmut Willke, Heterotopia. Studien zur Krisis der Ordnung moderner Gesellschaften, Frankfurt/M. 2003; Wolfgang Reinhard, Geschichte der Staatsgewalt, 2. Aufl. München 2000, S. 535.

134 Wolfgang Reinhard, Geschichte der Staatsgewalt, S. 535; vgl. auch Martin van Creveld, Aufstieg und Untergang des Staates, München 1999, S. 7 und 26.

135 Dazu Gérard Araud, Le monde en 2024: le grand retour de l'État, in: Le Point, 31.12.2023; Graeme Garrard, The Return of the State, Yale University Press 2022; Gero von Randow, Der Staat war nie weg, in: Die Zeit vom 19. Januar 2021; Heiner Flassbeck/Paul Steinhardt, Gescheiterte Globalisierung: Ungleichheit, Geld und die Renaissance des Staates, Berlin 2018; Utz Schliesky, Das Ende des Staates?, Kiel 2016; Andreas Anter, Der Staat als Beobachtungsobjekt der Sozialwissenschaften, in: Zeitschrift für Politik, Sonderband 5/2013, S. 17-27.

136 Josef Isensee, Sicherheit und Freiheit, in: Handbuch des Staatsrechts der Bundesrepublik Deutschland, hg. v. Uwe Kischel/Hanno Kube, Bd. I, 3. Aufl. Heidelberg 2023, S. 713-753, 724 ff.; Eckart Conze, Sicherheit, in: Nicole J. Saam/Heiner Bielefeld (Hg.), Die Idee der Freiheit und ihre Semantiken, Bielefeld 2023, S. 51-67, 55; Bernhard Fre-

vel, Sicherheit, 2. Aufl. Wiesbaden 2016, S. 1; Markus Thiel, Die »Entgrenzung« der Gefahrenabwehr. Grundfragen von Freiheit und Sicherheit im Zeitalter der Globalisierung, Tübingen 2011, S. 190; Franz-Xaver Kaufmann, Sicherheit als soziologisches und sozialpolitisches Problem, 2. Aufl. Stuttgart 1973, S. 11.

137 Vgl. Gert-Joachim Glaeßner, Freiheit und Sicherheit, Bonn 2016; Felix von Cube, Gefährliche Sicherheit, 3. Aufl. Stuttgart/Leipzig 2000, S. 33 ff. Udo Zelinka, Sicherheit – ein Grundbedürfnis des Menschen?, in: Ekkehard Lippert u.a. (Hg.), Sicherheit in der unsicheren Gesellschaft, Opladen 1997, S. 43-57; Wolfgang Bonß, Vom Risiko, Hamburg 1995, S. 88 f.; François Ewald, Die Versicherungs-Gesellschaft, in: Kritische Justiz 22 (1989), S. 385-393, 386; Werner Conze, Art. Sicherheit, Schutz, in: Geschichtliche Grundbegriffe, hg. v. Otto Brunner u.a., Bd. 5, Stuttgart 1984, S. 831-865, 831; Kaufmann, Sicherheit als soziologisches und sozialpolitisches Problem, S. 10. – Der Sicherheitstrieb kann mithin als Gegenstück zu dem »Machttrieb« gesehen werden, den Sigmund Freud postulierte (Freud, Jenseits des Lustprinzips (1920), in: ders., Studienausgabe. Bd. III, Frankfurt/M. 1982, S. 217-272, 248).

138 Vgl. Eckart Conze, Sicherheit, S. 55 ff.; Glaeßner, Freiheit und Sicherheit, S. 13 ff. – Wegweisend Kaufmann, Sicherheit als soziologisches und sozialpolitisches Problem.

139 Vgl. Josef Isensee, Das Grundrecht auf Sicherheit, Berlin/New York 1983, S. 8f.; Conze, Art. Sicherheit, Schutz, S. 841.

140 Vgl. im polizeirechtlichen Kontext Christoph Gusy/Johannes Eichenhofer, Polizei- und Ordnungsrecht, 11. Aufl. Tübingen 2023, S. 79 (Rn. 79); Wolf-Rüdiger Schenke, Polizei- und Ordnungsrecht. 12. Aufl. Heidelberg 2023, S. 27 (Rn. 56); Markus Thiel, Polizei- und Ordnungsrecht, 5. Aufl. Baden-Baden 2023, Rn. 8.

141 BVerfGE 49, 24 (56 f.).

142 Vgl. zur Allensbach-Studie Renate Köcher, Erosion des Vertrauens. Das Zutrauen in die Leistung der Regierung und die politische Stabilität des Staates ist erdrutschartig verfallen, in: FAZ vom 20.11.2019, S. 10.

143 Vgl. Uwe Wagschal, Die gespaltene Republik, Baden-Baden 2024.

144 Vgl. Stephan Schlak, Wilhelm Hennis, München 2008; Andreas Anter (Hg.), Wilhelm Hennis' Politische Wissenschaft, Tübingen 2013.

145 Zu ihrer Biographie siehe Thomas Meyer, Hannah Arendt, München 2023; Elisabeth Young-Bruehl, Hannah Arendt. Leben, Werk und Zeit, 5. Aufl. Frankfurt/M. 2018; Wolfgang Heuer, Hannah Arendt, 10. Aufl. Reinbek bei Hamburg 2018.

146 Arendt, Elemente und Ursprünge totaler Herrschaft (1951, dt. 1955), 7. Aufl. München 2000. Dazu Margaret Canovan, Arendt's theory of totalitarianism, in: The Cambridge Companion to Hannah Arendt, hg. v. Dana Villa, Cambridge 2000, S. 25-43.

147 Hannah Arendt, Fernsehgespräch mit Günter Gaus (1964), in: dies., Ich will verstehen. Selbstauskünfte zu Leben und Werk, hg. v. Ursula Ludz, München 2005, S. 46-72, 55.

148 Vgl. Arendt, Elemente und Ursprünge totaler Herrschaft, S. 944 ff.

149 Arendt, Eichmann in Jerusalem. A Report on the Banality of Evil, New York 1963. Zur Kritik an Arendts Bericht siehe Thomas Meyer, Hannah Arendt, S. 433 ff.; Grit Straßenberger, Hannah Arendt zur Einführung, 3. Aufl. Hamburg 2020, S. 34 ff. Vgl. auch die im Auftrag des SPIEGEL geschriebene, aber nicht gedruckte Rezension von Joseph Wulf, Der Eichmann-Bericht oder der Fall Hannah Arendt (1964), jetzt in: FAZ vom 29. Jan. 2020, S. N3.

150 David Hume, Of the First Principles of Government, in: ders., Essays Moral, Political, and Literary, hg. v. Thomas Hill Green/Thomas Hodge Grose, Bd. 1, London 1882, S. 109 f.

151 Vgl. Friedrich Freiherr von Wieser, Recht und Macht. Sechs Vorträge, Leipzig 1910, S. 31. – Seine Formel ist Teil einer blumig-naturalistischen Theorie der Führung: »Wie ein Zug von Vögeln keilförmig geordnet die Luft durchschneidet, so ordnet sich die menschliche Gesellschaft bei allem ihren Tun [...] im Sinne des Vorteiles der kleinen Zahl, indem sie Führer an ihre Spitze stellt, denen sie nachfolgt.« (Ebd.) – Später hat er seine Bemerkungen zu einer »Machtpsychologie« ausgebaut. Vgl. ders., Das Gesetz der Macht, Wien 1926, S. 75 ff.

152 Vgl. Weber, Wirtschaft und Gesellschaft. Herrschaft. MWG, Bd. I/22-4, hg. v. Edith Hanke in Zusammenarbeit mit Thomas Kroll, Tübingen 2005, S. 145 f. – Dort auch der Hinweis auf die von Weber nicht ausgewiesene Quelle des Wieser-Zitats.

153 Etwa John C. Turner, Explaining the nature of power: A three-process theory, in: European Journal of Social Psychology 35 (2005), S. 1-22.

154 Eduard Spranger, Lebensformen. Geisteswissenschaftliche Psychologie und Ethik der Persönlichkeit [1914], 5. Aufl. Halle 1925, S. 212.

155 Vgl. Popitz, Phänomene der Macht, S. 48 f.; Arnold Brecht, Politische Theorie, Tübingen 1961, S. 417; Morgenthau, Politics Among Nations, S. 26 f.

156 Vgl. Hannah Arendt/Martin Heidegger, Briefe 1925-1975, hg. v. Ursula Ludz, 4. Aufl. Frankfurt/M. 2013.

157 Arendt, Martin Heidegger ist achtzig Jahre alt (1969), in: dies., Menschen in finsteren Zeiten. Essays, hg. v. Ursula Ludz, 5. Aufl., München 2012, S. 172-184, 184.

158 Dazu Andreas Anter, Der Begriff des Politischen bei den politikwissenschaftlichen Klassikern des 20. Jahrhunderts, in: Horst Dreier/Dietmar Willoweit (Hg.), Wissenschaft und Politik, Stuttgart 2010, S. 17-32, 18 ff.

159 Vgl. Arendt, Über die Revolution (1963), 7. Aufl. München 2011.

160 Jürgen Habermas, Hannah Arendts Begriff der Macht (1976), in: ders., Philosophisch-politische Profile, 4. Aufl. Frankfurt/M. 1998, S. 228-248, 228; desgleichen Michael Becker, Die Eigensinnigkeit des Politischen. Hannah Arendt über Macht und Herrschaft, in: Peter Imbusch (Hg.), Macht und Herrschaft, 2. Aufl. Wiesbaden 2012, S. 217-246, 220. – Zu ihrem Machtverständnis vgl. Ekaterina Poljakova, Realität als Macht, Baden-Baden 2023, S. 26 ff.; Caroline Ashcroft, Violence and Power in the Thought of Hannah Arendt, Philadelphia 2021; Boni Eriola Richard Atchadé, Philosophie der Macht, Berlin/Boston 2020, S. 41 ff.; Mirko Wischke/Georg Zenkert (Hg.), Macht und Gewalt: Hannah Arendts »On Violence« neu gelesen, Wiesbaden 2019; Katrin Meyer, Macht und Gewalt im Widerstreit. Politisches Denken nach Hannah Arendt, Basel 2016, S. 21 ff.; David Strecker, Logik der Macht, Weilerswist 2012, S. 45 ff.; Christian Volk, Die Ordnung der Freiheit. Recht und Politik im Denken Hannah Arendts, Baden-Baden 2010, S. 216 ff.

161 Margaret Canovan, A Case of Distorted Communication. A Note on Habermas and Arendt, in: Political Theory 11 (1983), S. 105-116, 107 f.

162 Nancy Fraser, Foucault über die moderne Macht: Empirische Einsichten und normative Unklarheiten, in: dies., Widerspenstige Praktiken. Macht, Diskurs, Geschlecht, Frankfurt/M. 2015, S. 31-55, 52.

163 Zu biographischen Aspekten siehe Didier Eribon, Michel Foucault. Eine Biographie, Frankfurt/M. 2019; Paul Veyne, Foucault. Der Philosoph als Samurai, Stuttgart 2009; Bernhard H.F. Taureck, Michel Foucault, Reinbek bei Hamburg 1997.

164 Dazu Eribon, Michel Foucault, S. 318 ff.

165 Vgl. Joseph Croitoru, Niemals streng genug. Michel Foucaults Urteile über die iranische Revolution, in: FAZ Nr. 221 vom 23. September 1998, S. N5; Jörg Lau, Der Meisterdenker und der Ajatollah. Michel Foucaults iranisches Abenteuer, in: Merkur 59 (2005), S. 207-218. – Siehe insbesondere Foucault, Eine Revolte mit bloßen Händen, in: ders., Schriften in vier Bänden, hg. v. Daniel Defert und François Ewald, Bd. III, Frankfurt/M. 2003, S. 878-882 (Una rivolta con le mani nude, in: Corriere della sera Nr. 261 vom 5. November 1978, S. 1-2); ders., Das mythische Oberhaupt der Revolte im Iran, ebd., S. 894-897 (Il mitico capo della rivolta dell'Iran, in: Corriere della sera Nr. 279 vom 26. November 1978, S. 1-2).

166 Die »naive Bewunderung Khomeinis« moniert Thomas Lemke, Geschichte und Erfahrung. Michel Foucault und die Spuren der Macht, in: Foucault, Analytik der Macht, hg. v. Daniel Defert und François Ewald, Frankfurt/M. 2005, S. 319-347, 343.

167 Hannah Arendt, Martin Heidegger ist achtzig Jahre alt, S. 183 f.

168 Foucault, Macht und Wissen (1977), in: ders., Schriften in vier Bänden, Bd. III, hg. v. Daniel Defert u. François Ewald, Frankfurt/M. 2003, S. 515-534, 521; ders., Sexualität und Macht (1978), ebd., S. 695-718, 714.

169 Martin Saar, Genealogie als Kritik. Geschichte und Theorie des Subjekts nach Nietzsche und Foucault, Frankfurt/New York 2007, S. 223.

170 Foucault, Vorlesung vom 14. Januar 1976, in: ders., Analytik der Macht, S. 108-125, 119.

171 Vgl. Karl-Heinz Ilting, Macht, Gewalt (V), in: Geschichtliche Grundbegriffe, hg. v. Otto Brunner u.a., Bd. 3, Stuttgart 1982, S. 925.

172 Vgl. Karl Marx/Friedrich Engels, Manifest der kommunistischen Partei (1848), in: Marx Engels Werke, Bd. 4, Berlin 1959, S. 476; zu Nietzsche oben die Hinweise in Kapitel III.1.

173 Foucault, Die Maschen der Macht (1981), in: ders., Analytik der Macht, S. 220-239, 221.

174 So die prägnante Zusammenfassung der Positionen bei Thomas Lemke, Geschichte und Erfahrung, S. 331.
175 Sören Kierkegaard, Die Wiederholung (1843), hg. v. Liselotte Richter, Reinbek bei Hamburg 1961, S. 80.
176 Thomas Lemke, Die politische Theorie der Gouvernementalität: Michel Foucault, in: Brodocz/Schaal (Hg.), Politische Theorien der Gegenwart I, 4. Aufl. Opladen 2016, S. 479-510, 485.
177 In methodischer Hinsicht moniert Hans-Ulrich Wehler bei Foucault die »wildesten Verallgemeinerungen« (Wehler, Michel Foucault, in: ders., Die Herausforderungen der Kulturgeschichte, München 1998, S. 45-95, 45).
178 Steven Lukes, Power. A Radical View, 3. Aufl. London 2021.
179 Foucault, Überwachen und Strafen. Die Geburt des Gefängnisses, Frankfurt/M. 1976, S. 384f.
180 Foucault, Überwachen und Strafen, S. 256ff. – Dazu kompakt Georg Kneer, Die Analytik der Macht bei Michel Foucault, in: Peter Imbusch (Hg.), Macht und Herrschaft, S. 265-283, 272ff.
181 Vgl. Wehler, Michel Foucault, S. 53.
182 Foucault, Überwachen und Strafen, S. 279.
183 Vgl. Charles Taylor, Foucault über Freiheit und Wahrheit, in: ders., Negative Freiheit? Zur Kritik des neuzeitlichen Individualismus, Frankfurt/M. 1992, S. 188-234, bes. 210 u. 232; Jürgen Habermas, Aporien einer Machttheorie, in: ders., Der philosophische Diskurs der Moderne, 6. Aufl. Frankfurt/M. 1998, S. 313-343, 313ff.; Nancy Fraser, Foucault über die moderne Macht, S. 50f.; Wehler, Michel Foucault, S. 45ff.; Kneer, Die Analytik der Macht, S. 275ff.; Strecker, Logik der Macht, S. 79.
184 Jens Bartelson, The Critique of the State, Cambridge 2001, S. 31.
185 Wolfgang Sofsky, Verteidigung des Privaten, München 2007, S. 22f.
186 Thomas Mann, Betrachtungen eines Unpolitischen (1918), Frankfurt/M. 1988, S. 239.
187 Lemke, Die politische Theorie der Gouvernementalität, S. 485.
188 Vgl. Thomas Simon, Policey im kameralistischen Verwaltungsstaat, in: Karl Härter (Hg.), Policey und frühneuzeitliche Gesellschaft, Frankfurt/M. 2000, S. 473-496; Hans Maier, Die ältere deutsche Staats- und Verwaltungslehre, München 1986, S. 92ff. u. 191ff.

189 Vgl. Norbert Elias, Über den Prozeß der Zivilisation (1939), 2 Bde., 8. Aufl. Frankfurt/M. 1981.

190 Foucault, Überwachen und Strafen, S. 384.

191 Dazu Lemke, Eine Kritik der politischen Vernunft. Foucaults Analyse der modernen Gouvernementalität, 5. Aufl. Berlin 2011, S. 144 ff.; kompakt ders., Die politische Theorie der Gouvernementalität, S. 482 f.

192 Vgl. Roland Barthes, Mythen des Alltags (1957), 6. Aufl. Frankfurt/M. 1981, S. 114. Auf diese Quelle weist Thomas Lemke hin (Lemke, Geschichte und Erfahrung, S. 334).

193 Vgl. Thomas Lemke, Geschichte und Erfahrung, S. 335, in Revision seiner früheren Deutung.

194 Vgl. Foucault, Die Gouvernementalität (1978), in: ders., Analytik der Macht, S. 148-176. Dazu Lemke, Eine Kritik der politischen Vernunft, S. 127 ff.; Mitchell Dean, Governmentality: Power and Rule in Modern Society, 2. Aufl. London 2010, S. 16 ff.

195 In einem seiner späten Interviews wird Foucault auf Hannah Arendt angesprochen. Vgl. Foucault, Politik und Ethik: ein Interview (1983), in: ders., Analytik der Macht, S. 264-271, 268 f. Er antwortet ausweichend.

196 Foucault, Die Maschen der Macht (1981), in: ders., Analytik der Macht, S. 220-239, 224.

197 Foucault, Überwachen und Strafen, S. 250.

198 Foucault, Überwachen und Strafen, S. 250. – Bei Nietzsche erscheint der »Wille zur Macht« als Grund allen Seins. – Zur Beziehung Foucault/Nietzsche vgl. Alan Rosenberg/Joseph Westfall (Hg.), Foucault and Nietzsche: A Critical Encounter, New York 2018; Johannes Heinrich, Individualität, Subjektivität und Selbstsorge bei Nietzsche, Berlin/Boston 2018, S. 107 ff.; Martin Saar, Genealogie als Kritik, bes. S. 295 ff.; Thomas Gutmann, Nietzsches »Wille zur Macht« im Werk Michel Foucaults, in: Nietzsche-Studien 27 (1998), S. 377-419; Rudolf Speth, Foucaults Theorie der Disziplinarmacht mit Bezug auf Nietzsche, in: Gerhard Göhler u.a. (Hg.), Institution – Macht – Repräsentation, Baden-Baden 1997, S. 262-320.

199 Foucault, Dispositive der Macht. Über Sexualität, Wissen und Wahrheit, Berlin 1978, S. 35.

200 Foucault, Überwachen und Strafen, S. 39.

201 Foucault, Dispositive der Macht, S. 35.

202 Foucault, Freiheit und Selbstsorge. Gespräch mit Michel Foucault am 20. Januar 1984, in: Helmut Becker u.a. (Hg.), Freiheit und Selbstsorge, 2. Aufl. Frankfurt/M. 1993, S. 9-28, 25f.

203 So Nancy Fraser, Foucault über die moderne Macht, S. 53; Hans-Ulrich Wehler, Michel Foucault, S. 66.

204 Foucault, Dispositive der Macht, S. 126.

205 Habermas moniert Foucaults »relativistische und kryptonormative Scheinwissenschaft« (Aporien einer Machttheorie, S. 324 f.). Noam Chomsky berichtet über seine TV-Debatte im Jahr 1971 mit Foucault: »I'd never met anyone who was so totally amoral. [...] I felt like I was talking to someone who didn't inhabit the same moral universe. [...] It's just that I couldn't make sense of him. It's as if he was from a different species or something.« (zit. n. James Miller, The Passion of Michel Foucault, New York 2000, S. 201 u. 203) Vgl. auch Nancy Fraser, Foucault über die moderne Macht, S. 50f.

206 Niklas Luhmann, Es gibt keine Biographie. Niklas Luhmann im Radiogespräch mit Wolfgang Hagen, in: Wolfgang Hagen (Hg.), Warum haben Sie keinen Fernseher, Herr Luhmann? Letzte Gespräche mit Niklas Luhmann, Berlin 2004, S. 13-47, 17.

207 Jürgen Kaube, Zettels Nachlass, in: FAZ Nr. 281, 3. Dezember 2007, S. 37.

208 Niklas Luhmann, Liebe als Passion. Zur Codierung von Intimität, Frankfurt/M. 1982.

209 Luhmann, Macht im System, hg. v. André Kieserling, Berlin 2013, S. 115.

210 Vgl. Andreas Anter, Die Macht der Ordnung, 2. Aufl. Tübingen 2007, S. 96.

211 Byung-Chul Han, Was ist Macht?, Stuttgart 2005, S. 9.

212 Carl Schmitt, Gespräch über die Macht und den Zugang zum Machthaber (1954), 3. Aufl. Stuttgart 2008, S. 20f.

213 Peter Imbusch, Macht, in: Klaus-Dieter Altmeppen u.a. (Hg.), Journalismustheorie, Wiesbaden 2007, S. 395-419, 401.

214 Michael Naumann, Was ist Politik?, in: ders., Die schönste Form der Freiheit. Reden und Essays zur Kultur der Nation, Berlin 2001, S. 127-156, 156.

215 Helmuth Plessner, Die Emanzipation der Macht (1962), in: ders., Diesseits der Utopie, Frankfurt/M. 1974, S. 190-209, 194.

216 Weber, Die »Objektivität« der sozialwissenschaftlichen und sozialpolitischen Erkenntnis (1904), in: ders., Gesammelte Aufsätze zur Wissenschaftslehre, hg. v. Johannes Winckelmann, 5. Aufl. Tübingen 1985, S. 184.

Siglen

DF	Niccolò Machiavelli: Der Fürst, übers. v. Ernst Merian-Genast, Zürich 1945.
GG	Niklas Luhmann: Gesellschaftliche Grundlagen der Macht: Steigerung und Verteilung, in: ders., Soziologische Aufklärung 4, 5. Aufl. Wiesbaden 2017, S. 121-130.
L	Thomas Hobbes: Leviathan (1651), hg. v. Iring Fetscher, übers. v. Walter Euchner, Frankfurt/M. 1984.
MG	Hannah Arendt: Macht und Gewalt, München 1970.
MS	Niklas Luhmann: Macht und System. Ansätze zur Analyse von Macht in der Politikwissenschaft, in: Universitas 32 (1977), S. 473-482.
Mt	Niklas Luhmann: Macht, 4. Aufl. Stuttgart 2012.
NA	Friedrich Nietzsche: Aus dem Nachlaß der Achtzigerjahre, in: ders., Werke in drei Bänden, Bd. III, hg. v. Karl Schlechta, München 1982, S. 415-927.
PdM	Heinrich Popitz: Phänomene der Macht, 2. Aufl. Tübingen 1992.
PG	Niklas Luhmann: Die Politik der Gesellschaft, Frankfurt/M. 2000.
PR	Weber, Parlament und Regierung im neugeordneten Deutschland (1918), in: ders., Gesammelte Politische Schriften, hg. v. Johannes Winckelmann, 5. Aufl. Tübingen 1988, S. 306-443.
S	Georg Simmel: Soziologie (1908). Georg Simmel Gesamtausgabe, Bd. 11, hg. v. Otthein Rammstedt, Frankfurt/M. 1992.
SM	Michel Foucault: Subjekt und Macht (1982), in: ders. Analytik der Macht, hg. v. Daniel Defert und François Ewald, Frankfurt/M. 2005, S. 240-263.
Va	Hannah Arendt: Vita activa oder Vom tätigen Leben, München 1960.
WB	Jacob Burckhardt: Weltgeschichtliche Betrachtungen. Über geschichtliches Studium, München 1978.

WuG Max Weber: Wirtschaft und Gesellschaft. Grundriß der verstehenden Soziologie, hg. v. Johannes Winckelmann, 5. Aufl. Tübingen 1985.

WW Michel Foucault: Der Wille zum Wissen. Sexualität und Wahrheit 1, Frankfurt/M. 1983.

Weitere ausgewählte Literatur

Acton, John Emerich: Essays on Freedom and Power, hg. v. Gertrude Himmelfarb, New York 1955.

Allen, Amy: The Power of Feminist Theory. Domination, Resistance, Solidarity, New/York/London 2019.

Anter, Andreas: Die Macht der Ordnung. Aspekte einer Grundkategorie des Politischen, 2. Aufl. Tübingen 2007.

Anter, Andreas: Power and Rulership in Max Weber. Context and Effect of a Conceptual Pair, in: Scienza e Politica, Vol. 32 (2020), S. 9-20.

Arendt, Hannah: Elemente und Ursprünge totaler Herrschaft (1951), 7. Aufl. München 2000.

Arendt, Hannah: Was ist Politik? Fragmente aus dem Nachlaß, hg. v. Ursula Ludz, München 2003.

Atchadé, Boni Eriola Richard: Philosophie der Macht. Paul Tillichs Verständnis der Macht im Kontext philosophischer Machttheorien im 20. Jahrhundert, Berlin/Boston 2020.

Bachrach, Peter/Morton S. Baratz: Two Faces of Power, in: American Political Science Review 56 (1962), S. 947-952.

Bosch, Reinoud: Power. A Key Idea for Business and Society, London/New York 2022.

Breuer, Stefan: Bürokratie und Charisma. Zur politischen Soziologie Max Webers, Darmstadt 1994.

Breuer, Stefan: »Herrschaft« in der Soziologie Max Webers, Wiesbaden 2011.

Brodocz, André/Stefanie Hammer (Hg.): Variationen der Macht, Baden-Baden 2013.

Clegg, Steward R.: Frameworks of Power, 2. Aufl. London 2023.

Faber, Karl-Georg: Macht, Gewalt (III), in: Geschichtliche Grundbegriffe, hg. v. Otto Brunner u.a., Bd. 3, Stuttgart 1982, S. 835-854.

Foucault, Michel: Sicherheit, Territorium, Bevölkerung. Geschichte der Gouvernementalität I, 5. Aufl., Frankfurt/M. 2017.

Foucault, Michel: Analytik der Macht, hg. v. Daniel Defert und François Ewald, Frankfurt/M. 2005.
Foucault, Michel: Überwachen und Strafen. Die Geburt des Gefängnisses, Frankfurt/M. 1976.
Gehlen, Arnold: Soziologie der Macht, in: Handwörterbuch der Sozialwissenschaften, hg. v. Erwin von Beckerath u.a., Bd. 7, Göttingen 1961, S. 77-81.
Göhler, Gerhard: Macht, in: ders. u.a. (Hg.), Politische Theorie, 2. Aufl. Wiesbaden 2011, S. 224-240.
Haugaard, Mark: Power, Social and Political Theories, in: Encyclopedia of Violence, Peace, and Conflict, hg. v. Lester Kurtz, Vol. 1, 3. Aufl. San Diego 2022, S. 382-390.
Hobbes, Thomas: Leviathan (1651), hg. v. Iring Fetscher, übers. v. Walter Euchner, Frankfurt/M. 1984.
Imbusch, Peter (Hg.), Macht und Herrschaft. Sozialwissenschaftliche Theorien und Konzeptionen, 2. Aufl. Wiesbaden 2012.
Lasswell, Harold D./Abraham Kaplan, Power and Society. A Framework for Political Inquiry, London/ New Haven 1951.
Luhmann, Niklas: Das Medium Macht, in: ders., Die Politik der Gesellschaft, Frankfurt/M. 2000, S. 18-68.
Luhmann, Niklas: Macht, 4. Aufl. Stuttgart 2012.
Luhmann, Niklas: Macht im System, hg. v. André Kieserling, Berlin 2013.
Lukes, Steven: Power. A Radical View, 3. Aufl. London 2021.
Machiavelli, Niccolò: Discorsi. Gedanken über Politik und Staatsführung, übers. v. Rudolf Zorn, 3. Aufl. Stuttgart 2007.
Montesquieu, Charles de: Vom Geist der Gesetze, hg. v. Kurt Weigand, Stuttgart 1994.
Morgenthau, Hans J.: Politics Among Nations. The Struggle for Power and Peace, 2. Aufl. New York 1954.
Morgenthau, Hans J.: Scientific Man vs. Power Politics, Chicago 1956.
Morriss, Peter: Power. A philosophical analysis, 3. Aufl. Manchester 2012.
Nietzsche, Friedrich: Werke in drei Bänden, hg. v. Karl Schlechta, München 1994.
Paris, Rainer: Normale Macht. Soziologische Essays, Konstanz 2005.
Paris, Rainer: Der Wille des Einen ist das Tun des Anderen. Aufsätze zur Machttheorie, Weilerswist 2015.

Platon: Politeia, in: ders., Sämtliche Werke, Bd. 2, übers. v. Friedrich Schleiermacher, Reinbek bei Hamburg 1994, S. 195-537.

Plessner, Helmuth: Die Emanzipation der Macht (1962), in: ders., Diesseits der Utopie, Frankfurt/M. 1974, S. 190-209.

Poljakova, Ekaterina: Realität als Macht. Epistemologische, ideologiekritische und theologische Aspekte einer Philosophie der Macht, Baden-Baden 2023.

Poggi, Gianfranco: Forms of Power, Cambridge 2001.

Poggi, Gianfranco: Varieties of Political Experience: Power Phenomena in Modern Society, Colchester 2014.

Röttgers, Kurt: Art. Macht (I), in: Historisches Wörterbuch der Philosophie, Bd. 5, Basel/Stuttgart 1980, S. 588-604.

Roth, Phillip H. (Hg.): Macht. Aktuelle Perspektiven aus Philosophie und Sozialwissenschaften, Frankfurt/New York 2016.

Schmitt, Carl: Gespräch über die Macht und den Zugang zum Machthaber (1954), 3. Aufl. Stuttgart 2008.

Spector, Céline (Hg.): Le pouvoir, Paris 2011.

Strecker, David: Logik der Macht, Weilerswist 2012.

Thukydides: Geschichte des Peloponnesischen Krieges, hg. v. Georg Peter Landmann, 3. Aufl. München 1981.

Weber, Max: Gesammelte Politische Schriften, hg. v. Johannes Winckelmann, 5. Aufl. Tübingen 1988.

Weber, Max: Wirtschaft und Gesellschaft. Herrschaft. MWG, Bd. I/22-4, hg. v. Edith Hanke in Zusammenarbeit mit Thomas Kroll, Tübingen 2005.

Zenkert, Georg: Die Konstitution der Macht, Tübingen 2007.

Zimmerling, Ruth: Influence and Power. Variations on a Messy Theme, Dordrecht 2005.

Namenregister

Kursiv gestellte Ziffern beziehen sich auf Nennungen in den Anmerkungen

Acton, John Emerich 41-44, *149f.*
Adler, Alfred 39 f., *149*
Anter, Andreas *148*, *151*, *154-164*
Araud, Gérard *157*
Arendt, Hannah 11, 13, 31, 41, 43, 57, 91-101, 106, 108 f., 119, 125, 130, 138 f., *151*, *153*, *159-163*
Arendt, Wilhelm 153
Aron, Raymond 58, 92, *152*
Ashcroft, Caroline *160*
Assoun, Paul-Laurent *149*
Atchadé, Boni Eriola Richard *143*, *151*, *160*
Augustinus 92

Baberowski, Jörg *149*, *156*
Bachrach, Peter *152*
Bacon, Francis 55, 71, *155*
Baratz, Morton *152*
Bartelson, Jens 114, *162*
Barthes, Roland 118, *163*
Becker, Helmut *164*
Becker, Michael *160*
Ben-Dor, David *149*
Bentham, Jeremy 112
Bergstraesser, Arnold *154*
Berthold, Daniel *149*
Bleek, Wilhelm *151f.*
Böckenförde, Ernst-Wolfgang 46, *150*
Bonß, Wolfgang *159*
Bosch, Reinoud *150*
Bourdieu, Pierre 109
Bracher, Karl Dietrich *150*
Brecht, Arnold *160*
Breuer, Stefan 67, *152*, *154f.*
Brodocz, André *148*, *162*
Brunner, Otto 16, *143*, *148*, *158*, *161*
Bruun, Hans Henrik *154*
Bull, Hans Peter *155*
Burckhardt, Jacob 34-38

Canovan, Margaret 102, *159f.*
Chomsky, Noam 117, *164*
Clegg, Steward R. *144*
Colliot-Thélène, Catherine *155*
Conze, Eckart *158*
Conze, Werner *157f.*
Cranach, Mario von *149*
Creighton, Mandell 42, *149f.*
Creveld, Martin van *157*
Croitoru, Joseph *161*
Cube, Felix von *158*

Dean, Mitchell *163*
Defert, Daniel *161*
Derman, Joshua *155*
Dilthey, Wilhelm *147*
Dowding, Keith 15, *144*

Doyle, Tsarina *148*
Dreier, Horst *160*
Droysen, Johann Gustav 61, *153*

Eichenhofer, Johannes *158*
Eichmann, Adolf 91, 93, *159*
Elias, Norbert 83, 117, *157*, *163*
Ellwein, Thomas *155*
Emden, Christian J. *148*
Engels, Friedrich *162*
Erbse, Hartmut *144*
Eribon, Didier *161*
Euchner, Walter *146*
Ewald, François *158*, *161*

Faber, Karl-Georg *144*
Farzin, Sina *152*
Fetscher, Iring *146*
Feyerabend, Paul 55, *152*
Flechtheim Ossip K. 61, *153*
Foucault, Michel 57, 103, 105-121, 126, 138, *144*, *161-164*
Fraser, Nancy 105, 113, *162*, *164*
French, John R.P. 82, *157*
Freud, Sigmund 30, 39 f., 49, *146*, *148f.*, *158*
Frevel, Bernhard *158*

Gallie, William B. *143*
Garrard, Graeme *157*
Gasser, Reinhard *148*
Gaus, Günter *159*
Gehlen, Arnold 12, 34 f., 43, 49 f., 138, *143*, *147*, *149f.*, *154*
Gerhardt, Volker *148*
Geyer, Christian *156*
Gladstone, William *149*
Glaeßner, Gert-Joachim *158*
Göhler, Gerhard 15 f., *143f.*, *151*
Gorski, Philip S. *155*
Gostmann, Peter *154*
Gusy, Christoph *158*
Gutmann, Thomas *163*

Habermas, Jürgen 102, 120, *160*, *162*, *164*
Hacke, Christian *147*, *154*
Hagen, Wolfgang *164*
Hagmaier, Martin *144*
Hall, John A. *144*
Hammer, Stefanie *148*
Han, Byung-Chul *143*, *151*, *164*
Hank, Rainer *151*
Hanke, Edith *152*, *154f.*, *159*
Hastedt, Heiner *151*
Haugaard, Mark *143f.*, *150*
Hearn, Jonathan *143*, *151*
Heidegger, Martin 92, 100 f., *160*, *162*
Helvétius, Claude Adrien 48 f., *150*
Hennis, Wilhelm 54 f., 62 f., 91, *146*, *151f.*, *154*, *158*
Hesse, Joachim Jens *155*
Heuer, Wolfgang *159*
Hindess, Barry *151*
Hobbes, Thomas 11, 16, 19, 26-32, 38, 57-59, 80, 89 f., 96, 107, 135, 138, *146f.*, *153*
Höffe, Otfried *146*
Hoeges, Dirk *145*
Homer 54
Hume, David 77, 95, 110, *157*, *159*
Husserl, Edmund 92

Ilting, Karl-Heinz *148*, *162*
Imbusch, Peter *151*, *154*, *156*, *160*, *162*, *164*
Inhetveen, Katharina *156*
Isensee, Josef *149*, *157f.*

Jaspers, Karl 92
Jellinek, Georg 60, *153*
Jenkins, Scott 145

Kant, Immanuel 11, 31, 38, *147*
Kaegi, Werner *148*
Kaesler, Dirk *151*
Kaplan, Abraham 61, *153f.*
Kaube, Jürgen *164*
Kaufmann, Franz-Xaver *158f.*
Kersting, Wolfgang *146f.*
Khomeini, Ruhollah 106, *161*
Kielmansegg, Peter Graf 44 f., *149*
Kieserling, André *164*
Kindermann, Gottfried-Karl 61, *153*
Kirkland, Paul *145*
Kneer, Georg *162*
Kobusch, Theo *144*
Köcher, Renate *158*
Koloma Beck, Teresa *156*
Kroll, Thomas *160*
Kunz, Barbara *154*

Lassman, Peter *152*
Lasswell, Harold D. 61, 101, *153f.*
Lau, Jörg *161*
Laux, Henning *156*
Lebow, Richard Ned *154*
Lehrer, Ronald *149*
Lemke, Thomas 110, 115, *161-163*
Lichtblau, Klaus *144*
Lietzmann, Hans J. *151f.*
Locke, John 27, *146*
Loewenstein, Karl 61, *153*
Ludz, Ursula *159*
Luhmann, Niklas 13, 16, 58, 96, 109 f., 119, 123-136, 138, *147f.*, *150-152*, *164*
Lukes, Steven 112, *151*, *162*

Machiavelli, Niccolò 20, 23-26, 38, 96, *144-146*
Macho, Thomas 40, *148*
Maier, Hans *162*
Mann, Michael 13, *143*
Mann, Thomas 115, *162*
Marsilius von Padua 23, *145*
Marx, Karl 75, 109, *148*, *157*, *162*
Maurer, Andrea *151*, *154*, *156*
Mayer, Helmut *149*
Mayer, Otto 74, *155*
Mazur, George *154*
Merz-Benz, Peter-Ulrich *154*
Meyer, Katrin *160*
Meyer, Thomas *159*
Miller, James *164*
Mommsen, Wolfgang J. *152-154*
Montesquieu, Charles de 41, 45 f., 48, *149f.*
Morgenthau, Hans J. 20 f., 33, 35, 61 f., 101, *146f.*, *153f.*, *160*
Morris, Dick *146*
Morriss, Peter *143*, *151*
Murakami, Haruki 11, *143*
Münkler, Herfried *145*

Naumann, Michael 134, *164*
Niebuhr, Reinhold 61, *153*

Nietzsche, Friedrich 20 f., 34 f., 38-40, 96, 109, 119, *145-149*, *162*
Nye, Joseph 15, *144*

Oberndörfer, Dieter *151*, *153*
Oeing-Hanhoff, Ludger *144*

Palonen, Kari *152*
Paris, Rainer 14, 82, *143*, *151*, *156f.*
Parsons, Talcott 123
Paulus 22
Pitkin, Hanna F. 15, *144*
Platon 21f., 101, *145*
Plessner, Helmuth 32-35, 136, 138, *147*, *150*, *164*
Pocock, J.G.A. *145f.*
Poggi, Gianfranco 15, 82, *144*, *151*, *155-157*
Pohlmann, Friedrich *156*
Poljakova, Ekaterina *143*, *150*, *160*
Popitz, Heinrich 11, 13, 15, 30, 35, 52, 56, 58, 65, 75-90, 96, 98, 108, 124 f., 138, *144*, *147*, *151*, *154*, *156f.*, *160*
Portinaro, Pier Paolo *143*, *156f.*

Raven, Bertram H. 82, *157*
Reeve, C.D.C. *144*
Reich-Ranicki, Marcel 43, *149*
Reinhard, Wolfgang *153*, *157*
Reinhardt, Volker *146*
Ricœur, Paul 61, 101, *153*
Ritter, Gerhard 58, *150*, *152*
Rochau, Ludwig August von 61, *148*, *153*
Rösch, Felix *147*
Röttgers, Kurt *144*, *150*
Rohde, Christoph *147*
Roland, Sébastien *150*
Rosenberg, Alan *163*
Roth, Phillip H. *156*
Rubin, Harriet *146*
Russell, Bertrand 13, *143*
Ryan, Kevin *143*, *151*

Saar, Martin 107, *161*, *163*
Sartre, Jean-Paul 120
Scaff, Lawrence 55, *152*
Schäffle, Albert 57, *152*
Scheuerman, William F. *147*, *154*
Schlak, Stephan *158*
Schlechta, Karl *145*
Schlichte, Klaus *156*
Schliesky, Utz *157*
Schmitt, Carl 27f., 48, 131, *146*, *150*, *164*
Seaman, Michael G. *144*
Simmel, Georg 49f.
Simon, Thomas *162*
Skinner, Quentin *145*
Smith, Stacey *146*
Sofsky, Wolfgang 114, *149*, *162*
Sokrates 21
Sonnabend, Holger *144*
Sontheimer, Kurt 53, 62, *151*, *154*
Spagnol, Elena *146*
Spagnol, Luigi *146*
Specter, Matthew *147*
Speth, Rudolf *163*
Spranger, Eduard 34, *147*, *160*
Steinhardt, Paul *158*
Sternberger, Dolf *146*, *150*
Stockhammer, Nicolas *144*
Straßenberger, Grit *159*

Strauss, Leo 25, *146*
Strecker, David *143*, *160*

Taureck, Bernhard H.F. *161*
Taylor, Charles 113, *162*
Thiel, Markus *158*
Thrasymachos 22
Thukydides 19-21, 23, 31, 33, 35 f., 38, 96, *145 f.*, *151*
Tocqueville, Alexis de 74, *155*
Treitschke, Heinrich von 37, *148*
Troy, Jodok *147*
Turner, John C. *159*
Turner, Stephen *152*, *154 f.*

Veyne, Paul *161*
Volk, Christian *160*

Wagschal, Uwe *158*
Weber, Max 11 f., 15, 31, 53-76, 80, 83-88, 94-98, 101, 108, 113, 123-128, 132, 138-140, *151-158*, *160*, *165*
Wehler, Hans-Ulrich *148*, *153*, *155*, *162*, *164*
Westfall, Joseph *163*
Wieser, Friedrich Freiherr von 95, *159*
Williams, Jerry *156*
Williams, Michael C. *147*
Willke, Helmut *157*
Willoweit, Dietmar *160*
Winkler, Heinrich August *155*
Winter, Yves *145*
Wischke, Mirko *160*
Witte, Erich H. *148*
Wulf, Joseph *159*
Wulff, Christian 40, *148*

Young-Bruehl, Elisabeth *159*

Zelinka, Udo *158*
Zenkert, Georg *151*, *160*
Zimmerling, Ruth *143*, *151*

Andreas Anter, geb. 1960, ist Professor für Politikwissenschaft an der Universität Erfurt. Er studierte Politikwissenschaft, Germanistik und Soziologie in Münster, Freiburg i. Br. und Hamburg; promovierte 1994 an der Universität Hamburg und habilitierte sich 2003 an der Universität Leipzig. Zu seinen Veröffentlichungen gehören u.a. *Die Macht der Ordnung* (2. Aufl. 2007), *Max Weber's Theory of the Modern State* (2014) und *Max Weber und die Staatsrechtslehre* (2016).